日本史
年表・年号
ハンドブック

阿部 猛 編

同成社

目　次

- 第1部　年表編
  - 年　表 2
  - 干支順位表 88
  - 方位・時刻 88
  - 歴代天皇一覧 90
  - 明治以降首相一覧 91
- 第2部　年号編
  - 年号とは何か 96
  - 年号一覧（五十音順） 100
  - 時代順年号および略解 104

本書利用にあたって

第1部年表編はおおむね西暦との対照が可能と考えられる継体天皇より示し、一年につき一行で年号、天皇名、政権担当者、主要事件を示す。

第2部年号編では大化より平成に至る年号を時代順に列記し、各年号について天皇名・改元理由・由来・出典などを簡潔に解説するとともに、その年号中に起こった主な事件なども記す。

装丁／吉田有希

第1部　年表編

凡　例
1．年号欄元年の肩付きの小数字は改元の月を示す。
2．干支欄の丸囲み数字はその年の閏月を示す。
3．政権担当欄の表記は以下のように略した。
　　臣＝大臣、連＝大連、摂＝摂政、関＝関白、太＝太政大臣、
　　左＝左大臣、右＝右大臣、内＝内大臣、鎌＝鎌倉公方、
　　古＝古河公方、堀＝堀越公方
　　また、藤原姓ほか姓は省略したものもある。
4．政権担当欄で欄内に記入が難しい者は年表欄外に記した。
5．事項欄先頭の数字は事件の起こった月を示し、○印は「この年」を表す。

西暦	年号	干支	天皇	政権担当	事　項
507	継体元	丁亥	継体	大伴金村連・巨勢男人臣	2. 男大迹王河内国樟葉宮で即位
508	2	戊子			
509	3	己丑			
510	4	庚寅			
511	5	辛卯			10. 宮を山背国筒城に遷す
512	6	壬辰			
513	7	癸巳			
514	8	甲午			
515	9	乙未			4. 物部連の倭国軍帯沙江で伴跛に敗れる
516	10	丙申			
517	11	丁酉			
518	12	戊戌			3. 宮を弟国に遷す
519	13	己亥			
520	14	庚子			
521	15	辛丑			
522	16	壬寅			
523	17	癸卯			

西暦	干支			事項
524	18	甲辰		
525	19	乙巳		
526	20	丙午		
527	21	丁未		9. 宮を磐余の玉穂に遷す
528	22	戊申		6. 筑紫の国造磐井反乱をおこす
529	23	己酉		
530	24	庚戌		
531	25	辛亥	(欽明)	2. 継体天皇没 （欽明天皇即位ともいう）
532	(欽明元)	壬子		任那南部の金官国新羅に降る
533	(2)	癸丑		
534	(3)	甲寅	安閑	
535	(4)	乙卯	2	1. 安閑天皇大倭国勾金橋に移る
536	(5)	丙辰	宣化	4. 勾舎人部・勾靫部設置 8. 大養部設置 ○宣化天皇即位
537	(6)	丁巳	2	2. 蘇我稲目大臣となる
538	(7)	戊午	3	
539	(8)	己未	4	10. 大伴狭手彦に百済・任那を救援させる
540	欽明元	庚申	欽明 蘇我稲目臣	4. 欽明天皇即位し物部尾輿大連再び大連となる
541	2	辛酉		9. 大伴金村大連を辞任（任那問題）

西暦	年号	干支	天皇	政権担当	事　項
542	欽明3	壬戌	欽明	蘇我稲目	
543	4	癸亥			
544	5	甲子			
545	6	乙丑			
546	7	丙寅			
547	8	丁卯			
548	9	戊辰			
549	10	己巳			
550	11	庚午			4. 百済日本に救援を乞う
551	12	辛未			
552	13	壬申		物部尾輿	10. 崇仏論争
553	14	癸酉			
554	15	甲戌			7. 吉備5郡に白猪屯倉を置く
555	16	乙亥			
556	17	丙子			
557	18	丁丑			
558	19	戊寅			

				蘇我馬子	物部守屋	
559	20	己卯				
560	21	庚辰				9. 新羅が調貢
561	22	辛巳				1. 任那官家滅亡
562	23	壬午				
563	24	癸未				
564	25	甲申				
565	26	乙酉				
566	27	丙戌				
567	28	丁亥				
568	29	戊子				
569	30	己丑				
570	31	庚寅				1. 白猪屯倉の田部の丁籍を定める ○蘇我稲目没す
571	32	辛卯				4. 欽明天皇没す
572	敏達元	壬辰	敏達			4. 敏達天皇即位、物部守屋大連に蘇我馬子大臣になる
573	2	癸巳				
574	3	甲午				
575	4	乙未				3. 額田部皇女(推古天皇)立后
576	5	丙申				

西暦	年号	干支	天皇	政権担当	事項
577	敏達6	丁酉	敏達	蘇我馬子	2. 日記部、私部を設置
578	7	戊戌		物部守屋	
579	8	己亥			
580	9	庚子			
581	10	辛丑			
582	11	壬寅			
583	12	癸卯			
584	13	甲辰			蘇我馬子石川の宅に仏像をまつる
585	14	乙巳			○用明天皇即位
586	用明元	丙午	用明		9. 用明天皇即位
587	2	丁未			○天皇法隆寺建立を発願 7. 厩戸皇子ら物部守屋らを敗死させる　8. 崇峻天皇即位
588	崇峻元	戊申	崇峻		○法興寺（飛鳥寺）建立始まる
589	2	己酉			
590	3	庚戌			
591	4	辛亥			11. 任那再興のため筑紫に兵2万を送る
592	5	壬子			11. 蘇我馬子東漢直駒に天皇を暗殺させる　12. 推古天皇即位
593	推古元	癸丑	推古		4. 聖徳太子皇太子・摂政となる　○難波に四天王寺建立

西暦	年	干支	事項
594	2	甲寅⑧	2. 三宝興隆の詔
595	3	乙卯	5. 高句麗僧慧慈渡来し聖徳太子の師となる
596	4	丙辰④	11. 法興寺成る
597	5	丁巳④	
598	6	戊午	
599	7	己未	4. 地震により舎屋多く倒壊
600	8	庚申①	2. 新羅と任那日本任那を救援 ○倭王長安に使を派遣(初の遣隋使)
601	9	辛酉	2. 聖徳太子斑鳩宮を造営
602	10	壬戌⑩	2. 来目皇子撃新羅将軍となり 4. 筑紫に赴く
603	11	癸亥	11. 広隆寺造営 12. 冠位12階制定
604	12	甲子	4. 憲法17条をつくる
605	13	乙丑⑦	10. 聖徳太子斑鳩宮に移る
606	14	丙寅	
607	15	丁卯	7. 小野妹子隋に赴く
608	16	戊辰③	9. 小野妹子再び隋に赴く 9. 小野妹子ら隋から帰国
609	17	己巳	4. 飛鳥大仏成る
610	18	庚午⑪	1. 遣隋使派遣
611	19	辛未	

西暦	年号	干支	天皇	政権担当	事項
612	推古20	壬申	推古	蘇我馬子	
613	21	癸酉⑧			
614	22	甲戌			6. 犬上御田鍬ら隋に赴く
615	23	乙亥			7. 犬上御田鍬ら帰国
616	24	丙子⑤			7. 新羅仏像を献ずる
617	25	丁丑			
618	26	戊寅			隋滅亡し唐建国
619	27	己卯①			
620	28	庚辰			○聖徳太子ら天皇記・国記をつくる
621	29	辛巳⑩			○新羅が朝貢
622	30	壬午			2. 聖徳太子没(49)、橘大郎女天寿国繍帳をつくる
623	31	癸未			3. 法隆寺釈迦三尊像成る
624	32	甲申⑦			
625	33	乙酉			1. 高句麗僧恵灌三論宗を伝える
626	34	丙戌			5. 蘇我馬子没(76) ○蘇我蝦夷大臣となる
627	35	丁亥③		蘇我蝦夷	
628	36	戊子			3. 推古天皇没(75)

年	年号	干支	天皇	事項
629	舒明元	己丑[10]	舒明	1. 舒明天皇即位
630	2	庚寅[8]		8. 犬上御田鍬ら唐に起く（第1次遣唐使）
631	3	辛卯		
632	4	壬辰[8]		10. 犬上御田鍬ら帰国、学問僧旻ら帰国
633	5	癸巳		
634	6	甲午		
635	7	乙未[5]		
636	8	丙申		
637	9	丁酉		○エミシ叛く
638	10	戊戌[2]		○百済・新羅・任那朝貢す
639	11	己亥		7. 百済大寺の造営始まる 12. 百済川畔に九重塔建立
640	12	庚子[10]		10. 高向玄理・南淵請安留学から帰る
641	13	辛丑		10. 舒明天皇没 (49) ○山田寺の造営始まる
642	皇極元	壬寅	皇極	1. 皇極天皇即位 9. 板蓋宮・百済大寺造営
643	2	癸卯[7]		11. 蘇我入鹿山背大兄王を襲い自殺させる
644	3	甲辰		7. 東国で常世神信仰流行
645	大化元[6]	乙巳		6. 中大兄皇子・中臣鎌足ら蘇我入鹿を暗殺、蝦夷自殺
646	2	丙午[3]		1. 改新詔を発布

西暦	年号	干支	天皇	政権担当		事　項
647	大化3	丁未	孝徳	阿倍内麻呂(左) 巨勢徳陀古(右)	中臣鎌子(足)(内)	○7色13階の冠位制定
648	4	戊申⑫				
649	5	己酉			蘇我倉山田石川麻呂(右)	2. 冠位19階を制定　3. 蘇我石川麻呂自殺
650	白雉元2	庚戌				
651	2	辛亥⑨				12. 難波長柄豊碕宮に移る
652	3	壬子				1. 班田終る　4. 戸籍を作る
653	4	癸丑				
654	5	甲寅⑤				6. 僧旻没(?)
655	斉明元	乙卯	斉明			1. 中臣鎌足に紫冠を授ける　10. 孝徳天皇没(59)
656	2	丙辰				1. 皇極天皇重祚して斉明天皇となる
657	3	丁巳①				
658	4	戊午				11. 有間皇子殺される(19)　○阿倍比羅夫粛慎を討つ
659	5	己未⑩				
660	6	庚申				5. 漏刻をつくる　10. 百済日本に救援を乞う
661	7	辛酉				7. 斉明天皇九州で没し(68)中大兄皇子称制
662	天智元	壬戌⑦		蘇我赤兄(左)		
663	2	癸亥				3. 上毛野稚子新羅征討に向かう　8. 白村江で日本水軍大敗

西暦		干支	天皇	年号	事項
664	3	甲子	称制中大兄皇子		2. 冠位26階制定 ○北九州に水城をつくる
665	4	乙丑③			
666	5	丙寅			○百済人2000余人を東国に移す
667	6	丁卯⑪			3. 近江大津宮に遷都
668	7	戊辰	天智		○近江令成る
669	8	己巳			10. 藤原鎌足没(56) ○山階寺(興福寺)創建
670	9	庚午⑨			2. 庚午年籍をつくる 4. 法隆寺全焼
671	10	辛未	弘文		1. 近江令施行 12. 天智天皇没(46)
672	天武元	壬申			6. 壬申の乱 ○飛鳥浄御原宮に遷都
673	2	癸酉⑥	天武	朱鳥	
674	3	甲戌			3. 対馬より銀献上される
675	4	乙亥			2. 諸氏の部曲を廃止
676	5	丙子②			
677	6	丁丑			
678	7	戊寅⑩			
679	8	己卯			
680	9	庚辰			7. 伊賀国・伊豆国を建てる
681	10	辛巳⑦			9. 諸氏の氏上を定める

西暦	年号	干支	天皇	政権担当	事　項
682	天武11	壬午	天武		8. 礼儀・言語の制を定める
683	12	癸未			12. 諸国の境界を定める
684	13	甲申④			10. 八色の姓を定める
685	14	乙酉			1. 親王諸王12階・諸臣48階の位階を定める
686	朱鳥元7	丙戌⑫			9. 天武天皇没 (56)　10. 大津皇子自殺 (24)
687	持統元	丁亥	持統		
688	2	戊子			4. 草壁皇子没 (28)　6. 浄御原令配布
689	3	己丑⑧			9. 庚寅年籍　11. 元嘉暦と儀鳳暦を用いる
690	4	庚寅			3. 良・賤の区別を定める
691	5	辛卯		太 高市皇子 右 多治比嶋	
692	6	壬辰⑤			
693	7	癸巳			
694	8	甲午			12. 藤原宮に遷都
695	9	乙未②			
696	10	丙申			7. 高市皇子没 (43)
697	文武元	丁酉⑫			8. 文武天皇即位　この年の田租・庸・雑徭の半分免除
698	2	戊戌			10. 薬師寺の堂塔完成

西暦	干支	年号	天皇	大臣	出来事
699	己亥	3	文武		5. 役小角伊豆に配流　12. 初めて鋳銭司を置く
700	庚子⑦	4			3. 道昭没 (72)
701	辛丑	大宝元⁵		右 阿倍御主人	8. 大宝律令完成
702	壬寅	2			12. 持統太上天皇没 (58)
703	癸卯④	3			④阿倍御主人没 (69)　○壺坂寺創建
704	甲辰	慶雲元⁵			
705	乙巳	2		右 石川麻呂	5. 刑部親王没 (？)　9. 穂積親王知太政官事となる
706	丙午①	3			○疫病流行し土牛を作って祓う
707	丁未	4			6. 文武天皇没 (25)　7. 元明天皇即位, 授刀舎人寮設置
708	戊申⁸	和銅元¹	元明	右 藤原不比等	銀銭和同開珎通用　8. 銅銭和同開珎通用
709	己酉	2			
710	庚戌	3		左 石上麻呂	3. 平城京に遷都, 山階寺を平城京に移し興福寺とする
711	辛亥⁶	4			12. 蓄銭叙位の法を定める
712	壬子	5			9. 出羽国を建てる
713	癸丑	6			5. 諸国に風土記の編さんを命ずる
714	甲寅②	7			9. 撰銭禁止令
715	乙卯	霊亀元⁹		*	5. 土断法を定める　○里を郷に改める
716	丙辰¹¹	2	元正		4. 和泉監を置く

＊左大臣・多治比嶋

西暦	年号	干支	天皇	政権担当	事項
717	養老元[11]	丁巳	元正	藤原不比等	4. 僧行基らの活動を禁止　5. 百姓の浮浪を禁止
718	2	戊午			9. 元興寺を平城京に移す　○薬師寺を平城京に移す
719	3	己未⑦			5. 貢調の絹・絁の寸法を長6丈・巾1尺9寸と定める
720	4	庚申			5.「日本書紀」撰上　8. 舎人親王知太政官事となる
721	5	辛酉	聖武天皇	右 長屋王	1. 長屋王右大臣となる　12. 元明太上天皇没(61)
722	6	壬戌④			4. 良田100万町歩開墾計画
723	7	癸亥			4. 三世一身法を定める　7. 太安麻呂没(?)
724	神亀元[2]	甲子		左 長屋王	○エミシしきりに叛く
725	2	乙丑①			9. 豊作によりこの年の田租を免ず　○行基山崎橋を架ける
726	3	丙寅			12. 渤海使入京
727	4	丁卯⑨			6. 初めて渤海使を派遣
728	5	戊辰			2. 長屋王事件
729	天平元[8]	己巳			3. 薬師寺東塔建立　4. 興福寺五重塔建立　9. 諸国の防人を停止
730	2	庚午⑥			7. 大伴旅人没(67)
731	3	辛未			8. 節度使を置く
732	4	壬申			2.「出雲国風土記」成る　○山上憶良没(74)
733	5	癸酉③			

西暦	年号	干支	天皇	左右大臣	事項
734	6	甲戌		右 藤原武智麻呂	1. 興福寺西金堂造立
735	7	乙亥⑪			○凶作、天然痘流行し死者多数
736	8	丙子			
737	9	丁丑			6〜8. 諸卿天然痘流行し死者多数 9. 鈴鹿王知太政官事となる
738	10	戊寅⑦		左 武智麻呂	5. 諸国の健児を廃止
739	11	己卯			○法隆寺夢殿建立
740	12	庚辰		右 橘諸兄	9. 藤原広嗣反乱 12. 恭仁京造営
741	13	辛巳③			2. 諸国国分寺・国分尼寺造営の詔
742	14	壬午			8. 紫香楽宮造営
743	15	癸未			5. 墾田永年私財法
744	16	甲申①		左 橘諸兄	2. 難波宮に遷都
745	17	乙酉			1. 行基を大僧正とする 5. 都を平城に戻す
746	18	丙戌⑨			6. 大伴家持越中守となる
747	19	丁亥			○旱害による大飢饉
748	20	戊子			
749	天平感宝元④ 天平勝宝元⑦	己丑⑤	孝謙		2. 行基没(80) 7. 聖武天皇譲位、孝謙天皇即位
750	2	庚寅		右 藤原豊成	9. 藤原清河を遣唐大使に任命 11. 玄昉を左遷 12. 八幡大神入京

西暦	年号	干支	天皇	政権担当	事項
751	天平勝宝 3	辛卯	孝謙	橘諸兄	11.「懐風藻」成る
752	4	壬辰③			4. 大佛開眼供養
753	5	癸巳		藤原豊成	1. 鑑真入京し律宗を伝える
754	6	甲午⑩			東大寺戒壇院を設立
755	7	乙未			9. 正倉院創建
756	8	丙申			5. 聖武天皇没(56)
757	天平宝字元	丁酉⑧		*	5. 養老律令施行 7. 橘奈良麻呂の乱
758	2	戊戌	淳仁		藤原仲麻呂を大保とし恵美押勝の名を賜わる
759	3	己亥			この頃「万葉集」成る
760	4	庚子④		恵美押勝 大師	8. 恵美押勝、大師(太政大臣)となる 6. 光明子没(60)
761	5	辛丑			唐招提寺建立
762	6	壬寅⑫			12. 多賀城碑成る ○諸国早皇飢饉
763	7	癸卯			5. 鑑真没(77) 8. 早皇により諸国の田租を免ずる
764	8	甲辰			9. 恵美押勝の乱
765	天平神護元	乙巳⑩	称徳	右大臣	10. 淳仁天皇没(33) ⑩ 道鏡太政大臣禅師となる
766	2	丙午			10. 道鏡法王禅師となる
767	神護景雲元	丁未			3. 法王宮職を設置

西暦	年号	干支	天皇	大臣等	事項
768	2	戊申⑥		左 藤原永手 / 右 吉備真備	9. 和気清麻呂宇佐八幡の神託を奏して大隅国に配流
769	3	己酉③			8. 称徳天皇没(53)、道鏡下野国に配流
770	宝亀元⑩	庚戌			10. 武蔵国を東山道から東海道に移す
771	2	辛亥③	光仁	右 大中臣清麻呂	4. 道鏡没(?)
772	3	壬子			① 良弁没(85)
773	4	癸丑⑪			○諸国飢饉
774	5	甲寅			
775	6	乙卯			10. 吉備真備没(83)
776	7	丙辰⑧			
777	8	丁巳			10〜11. 遣唐使各地に漂着し帰国
778	9	戊午			7. 藤原百川没(48)　この頃秋篠寺建立
779	10	己未⑤			3. 伊治呰麻呂叛く
780	11	庚申			
781	天応元¹	辛酉	桓武	右 田原呂	4. 桓武天皇即位　6. 石上宅嗣没(53)　12. 光仁太上天皇没(73)
782	延暦元⁸	壬戌①			① 氷上川継謀叛
783	2	癸亥			12. 出挙の利息制限(1倍を過ぐるを得ず)
784	3	甲子⑨		右 藤原是公	11. 長岡遷都
785	4	乙丑			9. 造宮使藤原種継暗殺される、早良親王廃太子

* 大保・恵美押勝　**左大臣・魚名

17

西暦	年号		干支	天皇	政権担当	事　項
786	延暦	5	丙寅⑤	桓武	藤原是公	4. 国郡司の怠慢を訓戒
787		6	丁卯⑤			7. 紀古佐美征東大使となる
788		7	戊辰			6. 官軍阿弖流為らに敗れる
789		8	己巳			
790		9	庚午③			4. 畿内の百姓が魚・酒を供することを禁ず
791		10	辛未		右 藤原継縄	8. 畿内班田使を任命　○諸国百姓が牛を殺して漢神を祀るを禁ず
792		11	壬申①			6. 諸国に健児を置く
793		12	癸酉			3. 摂津職を摂津国に改める
794		13	甲戌			10. 平安遷都
795		14	乙亥⑦			⑦雑徭の日限を30日に半減　11. 東国防人を廃す
796		15	丙子			11. 隆平永宝を鋳造
797		16	丁丑			11. 坂上田村麻呂を征夷大将軍とする
798		17	戊寅⑤		右 神王	9. 京畿吏民の蓄銭禁止
799		18	己卯			2. 私出挙の利率を3割とする、和気清麻呂没(67)
800		19	庚辰			12. 大隅・薩摩両国で班田を実施
801		20	辛巳①			6. 畿内の班田を12年に1度とする
802		21	壬午			7. 租法を不二得八に改める

西暦	年号	干支	天皇	執政	事項
803	22	癸未⑩			2.「延暦交替式」を頒布
804	23	甲申			
805	24	乙酉			12. 藤原緒嗣と菅野真道徳政相論
806	大同元5	丙戌⑥	平城		5. 六道観察使を派遣　11. 伊予親王事件
807	2	丁亥			10. 国司交替の年限を6年とする
808	3	戊子			7. 衛門府を廃し衛士府に合併
809	4	己丑②			12. 平城上皇、平城旧京に移る
810	弘仁元⑨	庚寅	嵯峨	合 藤原内麻呂	3. 蔵人所を置く　9. 薬子の変
811	2	辛卯⑫			11. 左右衛士府を左右衛門府と改め六衛府制成立
812	3	壬辰			この頃空海「風信帖」成る
813	4	癸巳			○藤原冬嗣が興福寺南円堂を建立
814	5	甲午⑦			6.「新撰姓氏録」撰上
815	6	乙未			7. 国司交替の年限を4年とする
816	7	丙申		合 藤原園人	7. 鋳銭司を廃止
817	8	丁酉④			10.「常陸国新治郡の不動倉13宇焼失
818	9	戊戌			この頃「文華秀麗集」成る
819	10	己亥			5. 空海金剛峯寺を建立
820	11	庚子①			4. 弘仁格式撰上

西暦	年号	干支	天皇	政権担当	事項
821	弘仁12	辛丑	嵯峨	右藤原冬嗣	この頃藤原冬嗣勧学院を創立
822	13	壬寅⑨			6. 最澄没(57)
823	14	癸卯	淳和		2. 大宰府管内諸国で公営田制実施
824	天長元¹	甲辰			8. 常荒田の再開発を奨励
825	2	乙巳⑦		左冬嗣 右藤原緒嗣	8. 五畿七道諸国の巡察使を任命
826	3	丙午			7. 藤原冬嗣没(52) 11. 畿内の校田使を任命
827	4	丁未			
828	5	戊申③			12. 空海綜芸種智院を建立
829	6	己酉			5. 諸国に灌漑用水車を造らせる
830	7	庚戌⑫			11. 新撰の格式を施行
831	8	辛亥			
832	9	壬子			
833	10	癸丑⑦	仁明	左藤原緒嗣	2. 「令義解」撰上 5. 武蔵国に悲田所を設置
834	承和元¹	甲寅⑦			6. 検非違使別当を置く 2. 畿内班田を12年1班とする
835	2	乙卯		右清原夏野	1. 承和昌宝を鋳造 3. 空海没(62)
836	3	丙辰⑤			
837	4	丁巳			10. 清原夏野没(56)

西暦	和暦	干支			事項
838	5	戊午		右 藤原三守	4. 京中に水田を営むことを禁止 12. 小野篁隠岐国へ配流
839	6	己未①			3. 陸奥国飢饉により田租免除
840	7	庚申			5. 諸国に麦・大豆などの栽培を奨励
841	8	辛酉⑨		右 源常	2. 出羽国飢饉により田租免除 12.「日本後紀」成る
842	9	壬戌			7. 伴健岑・橘逸勢らの謀叛発覚（承和の変）
843	10	癸亥			6. 飢饉の20余国に賑給 7. 藤原嗣没(70)
844	11	甲子⑦	左 源常		10. 畿内班田使を任命
845	12	乙丑		右 橘氏公	
846	13	丙寅			12. 西大寺講堂焼失
847	14	丁卯③			10. 円仁帰国 この頃橘氏の学館院創立
848	嘉祥元⑥	戊辰		右 藤原良房	8. 京畿大洪水 9. 長年大宝鋳造
849	2	己巳⑫			⑫京中に賑給
850	3	庚午			5. 橘嘉智子没(65)
851	仁寿元④	辛未	文徳		6. 畿内諸国水害により賑給
852	2	壬申⑧			⑧京都大風により賑給 12. 小野篁没(51)
853	3	癸酉			○疱瘡大流行
854	斉衡元¹¹	甲戌			3. 石見国飢饉
855	2	乙亥④			5. 地震により東大寺大仏の頭落下

西暦	年号	干支	天皇	政権担当		事　項
856	斉衡3	丙子	文徳			2. 藤原良房太政大臣となる
857	天安元	丁丑		太 藤原良房	右 藤原良相	
858	2	戊寅②	清和			5. 京中大洪水　6. 円珍帰朝
859	貞観元	己卯⑥				4. 饒益神宝鋳造
860	2	庚辰⑩				12. 出羽国立石寺開創
861	3	辛巳				11. 武蔵国諸郡に検非違使を設置
862	4	壬午				5. 山陽・南海の海賊逮捕
863	5	癸未				5. 神泉苑で初めて御霊会を行う
864	6	甲申				1. 円仁没(72)　5. 富士山噴火
865	7	乙酉				
866	8	丙戌③		摂 藤原良房		③応天門炎上　9. 伴善男・中庸父子配流
867	9	丁亥				5. 畿外吏民の蓄銭禁止　○平高棟没(64)
868	10	戊子⑫				⑫源信没(59)　○伴善男没(58)　この頃『令集解』成る
869	11	己丑				新羅の海賊博多で年貢を奪う　8.『続日本後紀』撰上
870	12	庚寅			右 藤原氏宗	1. 貞観永宝鋳造　11. 藤原元利万呂ら新羅国司弘宗王と通じ反乱を企てる
871	13	辛卯⑧				8.「貞観式」撰上　10. 越前国百姓国司弘宗王を訴える
872	14	壬辰				9. 藤原良房没(69)

西暦	和暦	干支	天皇	摂関	左	右	事項
873	15	癸巳④					6. 京・河内飢饉により賑給
874	16	甲午④					8. 京師大風雨
875	17	乙未					5. 関東の俘囚反乱
876	18	丙申	陽成				4. 大極殿火災
877	元慶元[4]	丁酉[2]			藤原基経	源融	藤原基経	1. 京畿飢饉、京に常平司設置
878	2	戊戌					○出羽国の俘囚反乱
879	3	己亥[10]					12. 畿内5国に4000町歩の官田を設置
880	4	庚子					5. 藤原業平没 (56)
881	5	辛丑					8. 日本紀竟宴を催す
882	6	壬寅[7]	光孝				10. 瀬戸内の海賊蜂起
883	7	癸卯					○石見国郡司・百姓ら国守上毛野氏永を襲う
884	8	甲辰					
885	仁和元[2]	乙巳[3]					8. 天変地異により東国の治安強化
886	2	丙午	宇多	関白藤原基経		源多	7. 全国的な大地震 11. 藤原基経関白となる
887	3	丁未[11]					6. 阿衡事件
888	4	戊申					11. 初めて賀茂社臨時祭を行う
889	寛平元[4]	己酉					5. 橘広相没 (53)
890	2	庚戌[9]					4. 寛平大宝銭鋳造

西暦	年号	干支	天皇	政権担当	事　項
891	寛平 3	辛亥	宇多	源融	1. 藤原基経没(56)　10. 諸国の田租・徭を半免、円珍没(78)
892	4	壬子			5. 菅原道真の「類聚国史」成る
893	5	癸丑⑤			5. 新羅の賊九州に来襲
894	6	甲寅			9. 菅原道真の建言により遣唐使廃止
895	7	乙卯			3. 王臣・諸家の私出挙禁止　4. 藤原保則没(71)
896	8	丙辰①		良世	4.5位以上官人の私営田禁止
897	9	丁巳		*	この頃以上官人の私営田禁止
898	昌泰元 4	戊午⑩	醍醐	左 藤原時平	この頃東国に競馬の党横行
899	2	己未		菅原道真 右	
900	3	庚申			
901	延喜元 7	辛酉⑥		源光 右	1. 菅原道真大宰権帥に左遷
902	2	壬戌			3. 延喜荘園整理令
903	3	癸亥			2. 菅原道真没(59)
904	4	甲子③			
905	5	乙丑			4.「古今和歌集」撰上
906	6	丙寅⑫			
907	7	丁卯			11.「延喜格」撰上

西暦	年号	干支	大臣	事項
908	8	戊辰		この夏早魃により神泉苑の水門を開く
909	9	己巳⑧		4. 藤原時平没 (39)
910	10	庚午		6. 国司交替の制を定める
911	11	辛未		5. 大安寺焼失
912	12	壬申⑤		2. 紀長谷雄没 (68)　11. 京中大火
913	13	癸酉		3. 源光没 (68)
914	14	甲戌		4. 三善清行意見封事十二箇条奏上
915	15	乙亥②		10. 抱瘡流行により大赦
916	16	丙子		
917	17	丁丑⑩		12. 京中の井戸が涸れる
918	18	戊寅	右 藤原忠平	3. 深紅の衣服禁止
919	19	己卯		5. 小野道風能書により昇殿をゆるされる
920	20	庚辰⑥		
921	21	辛巳		10. 故空海に弘法大師号をおくる
922	22	壬午		延喜年中信貴山寺創立
923	延長元④	癸未④	左 忠平 右 定方	4. 故菅原道真の名誉恢復
924	2	甲申		
925	3	乙酉⑫		3. 京中の群盗追捕　12. 諸国に風土記勘進を命ずる

*右大臣・源能有

西暦	年号	干支	天皇	政権担当	事項
926	延長4	丙戌	醍醐	藤原定方	5. 防鴨河使を廃止
927	5	丁亥			12.「延喜式」成る　円珍に智証大師号を授ける
928	6	戊子⑧			
929	7	己丑			8. 京都大水害
930	8	庚寅	朱雀		2. 疫病流行　9. 藤原忠平摂政となる
931	承平元⑤	辛卯⑤		摂 藤原忠平	12. 諸国の不堪佃田の開発を奨励
932	2	壬辰			○海賊横行
933	3	癸巳			○諸国に盗賊・海賊横行
934	4	甲午①			○諸国に海賊横行
935	5	乙未			○平将門伯父平国香を殺す　この頃「土佐日記」成る
936	6	丙申⑪		太 藤原忠平	8. 藤原忠平太政大臣となる
937	7	丁酉			承平年中「倭名類聚抄」成る
938	天慶元5	戊戌			2. 平将門自ら新皇と称す　○藤原純友南海を騒がす
939	2	己亥⑦		左 藤原仲平	12. 平将門信濃国で平貞盛を破る
940	3	庚子		*	2. 平貞盛ら平将門を討つ　この頃「将門記」成る
941	4	辛丑		右 藤原仲平	6. 藤原純友降伏
942	5	壬寅③			6. 京中に群盗横行　11. 藤原忠平関白となる

西暦	和年号	干支	天皇	関白	左/右大臣	事項
943	6	癸卯⑫		藤原忠平		1. 長谷寺焼失 9. 大風雨で京中被害
944	7	甲辰⑫				
945	8	乙巳				7. 志多良神右清水に到着 ○紀貫之没（？）
946	9	丙午	村上			倹約令
947	天暦元	丁未⑦				6. 疱瘡流行 11. 京中に道守屋を設けて警固
948	2	戊申				
949	3	己酉				凶作により朝賀中止
950	4	庚戌⑤				8. 鴨川大氾濫、藤原忠平没(70)
951	5	辛亥			左 藤原実頼	10. 梨壺に和歌所を設置
952	6	壬子				醍醐寺五重塔供養
953	7	癸丑①				
954	8	甲寅				11. 私に兵杖を帯びることを禁止
955	9	乙卯⑨			右 藤原師輔	
956	10	丙辰				9. 官人の封禄5分の1を減額 ○大旱魃により恩赦
957	天徳元	丁巳				12. 菅原文時意見三箇条を奉る ○常平所を設置
958	2	戊午⑦				3. 乾元大宝鋳造
959	3	己未				3. 祇園感神院と清水寺争う
960	4	庚申			**	5. 藤原師輔没(53) 9. 内裏焼亡

* 右大臣・藤原恒佐   ** 右大臣・藤原顕忠

西暦	年号	干支	天皇	政権担当		事 項
961	応和元	辛酉③	村上	藤原実頼		5. 内裏造営によりこの年の田租半分免除
962	2	壬戌				
963	3	癸亥⑫				7.鴨川大洪水 8.大和・近江両国に大風雨寺社損壊
964	康保元7	甲子				11. 橘氏の学館院を大学別曹とする
965	2	乙丑			*	
966	3	丙寅⑧				8. 良源天台座主となる 12. 小野道風没 (71)
967	4	丁卯			藤原顕忠	7.「延喜式」施行
968	安和元8	戊辰	冷泉	関実頼	左源高明	1.小野好古没(85) 12.藤原千常の乱
969	2	己巳⑤	円融	摂伊尹	右師尹※	3.源高明大宰権帥に左遷 6.官祭としての祇園会初めて行われる
970	天禄元3	庚午			左源兼明 右伊尹※※	5. 藤原実頼没(71)
971	2	辛未		摂伊尹	左源兼明 右頼忠	9. 空也没(70)
972	3	壬申②		関兼通		1. 大和薬師寺焼失
973	天延元12	癸酉				2.藤原兼通太政大臣となる
974	2	甲戌⑩		太兼通		
975	3	乙亥				8.公卿以下に封事を進上させる
976	貞元元7	丙子			懇々懇	5. 内裏焼亡 6. 京都大地震
977	2	丁丑⑦				8. 藤原頼忠関白となる 11. 藤原兼通没(53)

西暦	和暦	干支	天皇	摂関	太政大臣	左大臣	右大臣	事項
978	天元元[11]	戊寅						10. 藤原頼忠太政大臣となる
979	2	己卯		関 頼忠	太 頼忠	源 雅信	右 藤原兼家	11. 内裏焼亡により未進調庸を免除
980	3	庚辰③						10. 慶滋保胤「池亭記」成る この頃「西宮記」成る 12. 源高明没(69)
981	4	辛巳						8. 斎然入宋 ○源順没(73)
982	5	壬午⑫						11. 「医心方」「三宝絵詞」成る
983	永観元	癸未						1. 良源没(74) 4. 源信「往生要集」成る
984	2	甲申	花山					
985	寛和元	乙酉⑧						6. 藤原兼家摂政となる
986	2	丙戌	一条	摂 兼家	太 兼家		右 藤原為光	
987	永延元	丁亥						11. 尾張国郡司百姓ら国守藤原元命を訴える
988	2	戊子⑤						6. 藤原頼忠没(66) 12. 藤原兼家太政大臣となる
989	永祚元	己丑						5. 藤原道隆関白について摂政となる 6. 清原元輔没(83)
990	2	庚寅			太 為光			
991	正暦元②	辛卯		関 摂 道隆			右 源 重信	○諸国早魃
992	2	壬辰						
993	3	癸巳⑩						⑩故菅原道真に太政大臣を追贈
994	4	甲午						6. 九州に発生した疫病全国に広まる
995	長徳元	乙未		***		源兼 重信	源重 信	○疫病流行し5位以上の官人63人が死亡

* 右大臣・源高明　** 右大臣・在衡　*** 関白・道兼

西暦	年号	干支	天皇	政権担当		事　項
				左	右	
996	長徳2	丙申⑦	一条	藤原道長	藤原顕光	この頃清少納言「枕草子」初稿本成る
997	3	丁酉				○源満仲没(85)
998	4	戊戌				7.藤原佐理没(55)　9.京都大洪水
999	長保元¹	己亥③				11.藤原彰子入内
1000	2	庚子				12.藤原定子没(25)　○疫病流行
1001	3	辛丑⑫				5.今宮社で御霊会を行う
1002	4	壬寅				10.慶滋保胤没(?)
1003	5	癸卯				宇佐八幡宮神人大宰帥平惟仲を訴える
1004	寛弘元⁷	甲辰⑨				11.内裏炎上　○安倍晴明没
1005	2	乙巳				
1006	3	丙午				
1007	4	丁未⑤				8.藤原道長金峯山に詣で埋経　この頃「拾遺和歌集」成る
1008	5	戊申				この頃「源氏物語」「和泉式部日記」成る
1009	6	己酉				10.内裏一条院焼亡
1010	7	庚戌②				1.藤原伊周没(37)　○「紫式部日記」「本朝麗藻」成る
1011	8	辛亥	三条			4.娍子皇后となる
1012	長和元¹²	壬子⑩				7.大江匡衡没(61)

西暦	年号	干支	天皇	摂関	大臣	大臣	事項
1013	2	癸丑	後一条	摂頼通	大道長	左顕光	6.大納言を5人に増員 この頃紫式部没(?)
1014	3	甲寅⑥					3.疫病流行
1015	4	乙卯⑥					1.藤原道長摂政となる
1016	5	丙辰					藤原頼通摂政となる 大安寺焼亡 6.源信没(76)
1017	寛仁元4	丁巳					この頃「和漢朗詠集」成る
1018	2	戊午④					④円教寺焼亡 12.この頃藤原頼通関白となる。
1019	3	己未					刀伊の入寇
1020	4	庚申⑫					○恂贇流行 この頃藤原公任「北山抄」成る
1021	治安元2	辛酉		関頼通	大公季	左実資	7.藤原公季太政大臣となる
1022	2	壬戌					7.藤原道長法成寺金堂供養
1023	3	癸亥⑨					12.藤原道長法成寺に放火
1024	万寿元7	甲子					11.丹波国人ら国守の京都邸を訴える、近江勢多(田)橋炎上
1025	2	乙丑					気比宮神人加賀国守を訴える
1026	3	丙寅⑤					○諸国早魃
1027	4	丁卯					8.京都大風
1028	長元元7	戊辰					1.京都大火 12.藤原道長没(62)、藤原行成没(56)
1029	2	己巳②					6.平忠常の乱 12.鴨川氾濫し左京水没
1030	3	庚午					7.伊勢神人伊賀守源光清を訴える ○疫病流行し死者多数

西暦	年号	干支	天皇	政権担当		事　項
					実資	
				頼通		
1031	長元4	辛未⑩	後一条	頼通		4. 平忠常降伏
1032	5	壬申				12. 富士山噴火
1033	6	癸酉				この頃「栄華物語」正編成る
1034	7	甲戌⑥				8. 京都に大風・洪水
1035	8	乙亥				
1036	9	丙子				7. 近江国百姓ら国司を訴える
1037	長暦元4	丁丑④	後朱雀			
1038	2	戊寅				10. 但馬国百姓ら宮門で訴状を提出
1039	3	己卯⑫				6. 内裏焼亡
1040	長久元11	庚辰				6. 荘園整理令
1041	2	辛巳				1. 藤原公任没(76)　9. 大安寺焼失
1042	3	壬午⑨				12. 内裏焼亡
1043	4	癸未				
1044	寛徳元11	甲申				春夏疫病流行し死者多数
1045	2	乙酉⑤	後冷泉			○荘園整理令出る　この頃「本朝文粋」成る
1046	永承元4	丙戌				1. 藤原実資没(90)　5. 京都洪水
1047	2	丁亥				6. 諸国早魃

西暦	和暦	干支			事項
1048	3	戊子①			
1049	4	己丑			
1050	5	庚寅⑩			
1051	6	辛卯			○前九年の役始まる
1052	7	壬辰	太 頼通		〇平等院鳳凰堂成る　○末法第一年に入る
1053	天喜元¹	癸巳⑦			3. 平等院鳳凰堂成る
1054	2	甲午			
1055	3	乙未			3. 荘園整理令
1056	4	丙申③			
1057	5	丁酉			12. 源頼義仙麦大将軍となる
1058	康平元⁸	戊戌⑫		左 教通	7. 源頼義安倍頼時を討つ
1059	2	己亥			5. 京都大洪水
1060	3	庚子			5. 興福寺焼亡　6. 旱魃により恩赦
1061	4	辛丑⑧		右 頼宗	12. 藤原頼通太政大臣となる
1062	5	壬寅			9. 源頼義安倍氏を降伏させる
1063	6	癸卯			2. 清原武則鎮守府将軍となる
1064	7	甲辰⑤			この頃「新猿楽記」成る
1065	治暦元⁸	乙巳			9. 荘園整理令
					4. 源頼信没(81)

西暦	年号	干支	天皇	院	政権担当	事項
1066	治暦2	丙午	後冷泉		頼通 / 教通	11. 藤原明衡没（？）
1067	3	丁未①				
1068	4	戊申	後三条		教通	
1069	延久元	己酉⑩			教通 / 左 師実	2. 荘園整理令　10. 京中大地震
1070	2	庚戌				
1071	3	辛亥				
1072	4	壬子⑦				8. 沽価法を制定　5. 後三条法皇没(40) 　6. 京都大洪水
1073	5	癸丑	白河			
1074	承保元	甲寅				
1075	2	乙卯④			右 師実 / 源 師房	10. 藤原師実関白となる
1076	3	丙辰				
1077	承暦元	丁巳⑫			関 師実	
1078	2	戊午				○疱瘡流行、諸国旱魃
1079	3	己未				2. 京都大火
1080	4	庚申⑧				6. 京都大洪水　8. 藤原信長太政大臣となる
1081	永保元	辛酉			太 信長 / 右 俊家	1. 興福寺と多武峯争う　11. 二十二社制成立
1082	2	壬戌			*	7. 内裏焼亡　○夏諸国旱魃

西暦	年号	干支	天皇	摂関	左大臣・右大臣	事項
1083	3	癸亥⑥				9. 後三年の役始まる
1084	応徳元②	甲子				7. 掩瘡流行
1085	2	乙丑				この年から翌年にかけて奥州兵乱
1086	3	丙寅②			左 源俊房 / 右 源顕房	11. 白河上皇の院政始まる
1087	寛治元④	丁卯	堀河	摂 師実		12. 源義家金沢柵攻略(後三年の役おわる)
1088	2	戊辰③				12. 藤原師実太政大臣となる
1089	3	己巳				2. 興福寺東金堂炎上
1090	4	庚午				1. 白河上皇熊野詣 12. 藤原師実関白となる
1091	5	辛未⑦		関 師実		6. 諸国百姓が田畠を源義家に寄進することを禁止
1092	6	壬申				5. 若狭国荘園新立禁止
1093	7	癸酉				8. 興福寺と金峯山争う
1094	嘉保元③	甲戌③	白河院			③大山寺衆徒ら上皇に天台座主を訴える
1095	2	乙亥		関 師通		○北面の武士を置く
1096	永長元②	丙子				6. 京中に田楽流行 11. 京畿大地震
1097	承徳元⑪	丁丑①				○平正盛伊賀国の所領を院昇殿に寄進す
1098	2	戊寅				10. 源義家に院昇殿をゆるす
1099	康和元⑧	己卯⑨				5. 荘園整理令 8. 藤原忠実に内覧をゆるす
1100	2	庚辰				この頃大江匡房「江家次第」成る

* 右大臣・源俊房

西暦	年号	干支	天皇	院	政権担当			事項
1101	康和3	辛巳	堀河	白河院			俊房	2. 藤原師実没(60)
1102	4	壬午⑤						8. 興福寺衆徒蜂起
1103	5	癸未						3. 興福寺衆徒神木を奉じて強訴
1104	長治元2	甲申						1. 六波羅蜜寺焼亡
1105	2	乙酉②						6. 越前気比宮神人国司を訴える
1106	嘉承元4	丙戌						6. 検非違使庁等と祇園神人乱闘
1107	2	丁亥⑩			関忠実			6. 京中大火、田楽流行 7. 源義家没(68)
1108	天仁元8	戊子	鳥羽			摂忠実		5. 京中に印地打ち流行 7. 藤原忠実摂政となる
1109	2	己丑						7. 信濃国浅間山噴火 11. 荘園整理令
1110	天永元7	庚寅⑦						
1111	2	辛卯				太忠実		○大江匡房ら意見封事を進上させる
1112	3	壬辰						11. 大江匡房没(79)、大江正房太政大臣となる
1113	永久元7	癸巳③						12. 藤原忠実太政大臣となる
1114	2	甲午					右源雅実	③延暦寺と興福寺争う 12. 藤原忠実関白となる ○諸国飢饉
1115	3	乙未						
1116	4	丙申①						○「朝野群載」成る
1117	5	丁酉						6. 春日神人と興福寺衆徒争う

西暦	年号	干支	天皇	関白/摂政	太政大臣	左大臣	右大臣	事項
1118	元永元	戊戌⑨						
1119	2	己亥						
1120	保安元	庚子						12. 平正盛九州の賊を平定
1121	2	辛丑⑤		関 忠実→忠通				3. 藤原忠通関白・氏長者となる
1122	3	壬寅						12. 源雅実太政大臣となる
1123	4	癸卯	崇徳		太 雅実			
1124	天治元	甲辰②						
1125	2	乙巳						12. 京都大火
1126	大治元	丙午⑩	鳥羽院					3. 中尊寺三重塔建立
1127	2	丁未						5. 荘園整理令 ○「金葉和歌集」成る
1128	3	戊申						12. 藤原忠実太政大臣となる
1129	4	己酉⑦		関 忠通	*			1. 京都大火 11. 興福寺僧徒ら騒擾
1130	5	庚戌						12. 伊勢神宮役夫工米を全国に賦課
1131	天承元	辛亥				左 忠通	右 源有仁	この頃「大鏡」成る
1132	長承元	壬子④						2. 僧良忍没 (61) 3. 平忠盛内昇殿をゆるされる
1133	2	癸丑						8. 宋の商船来着
1134	3	甲寅⑫				左 家忠	右 家忠	○洪水・飢饉・咳病さかん
1135	保延元	乙卯						3. 京中に賑給

*太政大臣:藤原忠通

西暦	年号	干支	天皇	院	政権担当 左	政権担当 右	事　項
1136	保延2	丙辰	崇徳	鳥羽院	忠通	宗忠	9.春日若宮祭始まる
1137	3	丁巳⑨					2.興福寺僧徒強訴 12.伊勢神人強訴
1138	4	戊午					3.京都大火
1139	5	己未⑤					
1140	6	庚申					この頃「本朝続文粋」成る
1141	永治元7	辛酉	近衛		忠通	源有仁	9.鳥羽僧正覚猷没(88) この頃「伊呂波字類抄」成る
1142	康治元4	壬戌					4.藤原宗忠没(80)
1143	2	癸亥②					
1144	天養元2	甲子					9.源義朝の郎等相模国大庭御厨に乱入
1145	久安元7	乙丑⑩					7.新制9か条を宣下
1146	2	丙寅					3.京都大火
1147	3	丁卯					3.清水寺再建
1148	4	戊辰⑥					2.京都大火で法成寺・法興寺焼亡
1149	5	己巳					10.藤原忠通太政大臣に再任
1150	6	庚午			関 忠通	*	6.瀧口武士1000人を増員 9.藤原頼長氏長者となる
1151	仁平元1	辛未④				右 源雅定	
1152	2	壬申				左 頼長	1.藤原頼長内覧となる

西暦	年号	干支	天皇	摂関	大臣	事項
1153	3	癸酉⑫				
1154	久寿元	甲戌				1. 平忠盛没(58) 4. 江家文庫焼失
1155	2	乙亥				10. 延暦寺西塔・法華堂・常行堂など焼失
1156	保元元	丙子⑨	後白河			8. 源義平武蔵国大蔵で叔父義賢を殺害
1157	2	丁丑				7. 保元の乱
1158	3	戊寅				3. 藤原頼長らの所領没収
1159	平治元⑤	己卯⑤	二条	関 基実	左 伊通 / 右 基実***	12. 平治の乱
1160	永暦元¹	庚辰				1. 源義朝討たれる(38) 2. 源頼朝伊豆に流される
1161	応保元⑨	辛巳				
1162	2	壬午	後白河院			6. 藤原忠実没(85)
1163	長寛元③	癸未				6. 延暦寺衆徒園城寺を焼く
1164	2	甲申⑩				2. 藤原忠通没(68) 9. 平家納経
1165	永万元⑥	乙酉	六条	摂 基房	左 基房 / 右 経宗	興福寺と延暦寺争う
1166	仁安元⑧	丙戌				
1167	2	丁亥⑦				12. 京都大火
1168	3	戊子	高倉		左 経宗 / 右 九条兼実	2. 平清盛太政大臣となる ○重源入宋
1169	嘉応元④	己丑				清盛出家、京都大火 4. 栄西入宋 9. 栄西・重源帰国
1170	2	庚寅④				4. 源為朝伊豆大島で自害 この頃『今鏡』成る

*右大臣：藤原実行　**左大臣：藤原実能　***右大臣：藤原宗輔

西暦	年号	干支	天皇	院	政権担当			事　項
						経宗	兼実	
1171	承安元	辛卯	高倉	後白河院	基房			10. 京中に辛病流行
1172	2	壬辰⑫			周基房			12. 興福寺衆徒ら強訴
1173	3	癸巳						○延暦寺と興福寺争う、清盛摂津兵庫島を築く
1174	4	甲午						○源義経陸奥国へ下る
1175	安元元⑦	乙未⑨						○源空尊修念仏を唱える 9. 京中大風
1176	2	丙申						
1177	治承元⑧	丁酉						4. 京都大火（太郎焼亡） 6. 鹿ヶ谷事件
1178	2	戊戌⑥						この頃平康頼「宝物集」成る
1179	3	己亥			*			11. 清盛政以で法皇を鳥羽殿に幽閉
1180	4	庚子	安徳	高倉院後白河院	基通			5. 源頼政以仁王を奉じて挙兵 6. 福原遷都 8. 頼朝挙兵
1181	養和元②	辛丑⑦			*			②平清盛没(64) ○全国的な飢饉
1182	寿永元⑤	壬寅			* *			○飢饉により死者多数
1183	2	癸卯⑩		後鳥羽	* * *			5. 越中倶利伽羅峠合戦 10. 寿永2年10月の宣旨
1184	元暦元④	甲辰			基通			2. 一ノ谷合戦
1185	文治元⑧	乙巳				兼実		3. 壇ノ浦で平氏一門滅亡 11. 守護地頭設置
1186	2	丙午⑦						
1187	3	丁未						9.「千載和歌集」成る

西暦	和暦	干支					摂左/実右定	実左/実右房兼雅	事項
1188	4	戊申							④源義経衣川で討たれる
1189	5	己酉⑫							2. 西行没 (73)　8. 源頼朝平泉に入る
1190	建久元④	庚戌			関兼実	後鳥羽院	源頼朝		7. 栄西宋より帰国　11. 頼朝上洛し右近衛大将となる
1191	2	辛亥⑫							7. 源頼朝征夷大将軍となる
1192	3	壬子							7. 源頼朝征夷大将軍となる
1193	4	癸丑							7. 曾我兄弟工藤祐経を討つ
1194	5	甲寅⑧							8. 幕府安田義定 (61) を討つ
1195	6	乙卯							3. 源頼朝上洛し東大寺開眼供養に臨む
1196	7	丙辰							
1197	8	丁巳⑥							5. 幕府九州諸国に図田帳をつくらせる　10. 一条能保没 (51)
1198	9	戊午			基通				○栄西の「興禅護国論」成る
1199	正治元④	己未							1. 源頼朝没 (53)　8. 東大寺三月堂・南大門修造
1200	2	庚申②							1. 梶原景時没, 三浦義澄没 (74)
1201	建仁元	辛酉					頼家		3. 千葉常胤没 (84)　10. 北条泰時伊豆の飢民に賑給
1202	2	壬戌⑩			良経		実朝		10. 祇園社清水寺と堺相論
1203	3	癸亥							8. 源頼家守護地頭職を一幡と千幡に譲る　9. 比企氏の乱
1204	元久元②	甲子							7. 源頼家殺害される (23)　6. 畠山重忠討たれる (42)
1205	2	乙丑⑦							3.「新古今和歌集」撰集

*関白・藤原基通　**摂政・藤原師家　***摂政・藤原基通

西暦	年号	干支	天皇	院	政権担当		事　項
					摂関家	実朝	
1206	建永元4	丙寅	土御門	後鳥羽院	近衛家実	北条義時	2. 源空の門徒流罪になる　6. 重源没(86)　11. 高山寺創建
1207	承元元10	丁卯					2. 幕府専修念仏を禁止　4. 九条兼実没(59)
1208	2	戊辰④					9. 熊谷直実没(68)　12. 興福寺北円堂成る
1209	3	己巳					
1210	4	庚午					3. 幕府武蔵国田文をつくる
1211	建暦元3	辛未①	順徳				4. 俊芿帰国し建仁寺に入る
1212	2	壬申					1. 源空没(80)　○鴨長明「方丈記」成る
1213	建保元12	癸酉⑨					5. 和田合戦
1214	2	甲戌					2. 栄西「喫茶養生記」成る　4. 延暦寺と園城寺争う
1215	3	乙亥					1. 北条時政没(78)　7. 栄西没(75)
1216	4	丙子⑥					
1217	5	丁丑					11. 源実朝渡宋を企てる
1218	6	戊寅					4. 京都大火で因幡堂など焼失
1219	承久元4	己卯②			*		1. 源実朝暗殺される　この頃「平家物語」成る
1220	2	庚辰			*		この頃慈円「愚管抄」成る
1221	3	辛巳⑩	仲恭	後高倉院	*		
1222	貞応元4	壬午					5. 承久の乱起こる

西暦	和暦	干支	天皇	摂関	将軍	執権	事項
1223	2	癸未	後堀河	近衛家実	頼経	泰時	5. 倭寇朝鮮を侵す 12. 運慶没(?)
1224	元仁元[11]	甲申[7]					6. 北条義時没(62) ○親鸞「教行信証」成る
1225	嘉禄元[4]	乙酉					7. 北条政子没(69) 12. 幕府評定衆設置
1226	2	丙戌					
1227	安貞元[12]	丁亥③					9. 慈円没(71)
1228	2	戊子					
1229	寛喜元[3]	己丑					③俊芿没(62)
1230	2	庚寅①					
1231	3	辛卯		九条道家			4. 荘園整理令
1232	貞永元[4]	壬辰⑨					6. 北条泰時徳政を行う
1233	天福元[4]	癸巳	後堀河院●				新補地頭の得分率法を定める ○大飢饉死者多数
1234	文暦元[11]	甲午	四条				1. 明恵没(60) 8. 関東御成敗式目制定
1235	嘉禎元[9]	乙未⑥					1. 京都で猿楽流行
1236	2	丙申					6. 幕府専修念仏禁止
1237	3	丁酉					○京都で疱瘡流行
1238	暦仁元[11]	戊戌②					4. 藤原家隆没(80) 6. 京に篝屋設置 8. 幕府雙六禁止
1239	延応元[2]	己亥					3. 小山朝政没(84)
1240	仁治元[7]	庚子⑩					5. 人身売買禁令 9. 地頭が山僧・借上を代官とするを禁止
							1. 北条時房没(66)

＊摂政・九条道家　＊＊摂政・近衛家実

西暦	年号	干支	天皇	院	政権担当	事項
1241	仁治2	辛丑	四条		泰時	2.鎌倉大地震 8.藤原定家没(80)
1242	3	壬寅	後嵯峨		執 経時	8.北条泰時没(60)
1243	寛元元	癸卯⑦	後嵯峨			12.奴婢雑人の児女の帰属の法を定める
1244	2	甲辰			将 頼嗣	10.幕府博奕禁止
1245	3	乙巳				7.京都大地震
1246	4	丙午④	後深草	後嵯峨院	執 時頼	6.名越光時伊豆へ流される
1247	宝治元	丁未				6.三浦泰村一族滅亡(宝治合戦)
1248	2	戊申⑫				5.安達景盛没(?)
1249	建長元	己酉				12.幕府引付衆設置
1250	2	庚戌				3.幕府大和の悪党禁圧
1251	3	辛亥⑨				10.「続後撰和歌集」成る
1252	4	壬子			将 宗尊	9.鎌倉での沽酒禁止 ○「十訓抄」成る
1253	5	癸丑				4.日蓮法華経を唱える 8.道元没(54)
1254	6	甲寅⑤				結城朝光没(87) 5.京都大火・地震
1255	7	乙卯				2.興福寺衆徒東大寺と争う
1256	康元元⑩	丙辰			執 長時	6.祇園社清水寺と争う 8.鎌倉大洪水
1257	正嘉元③	丁巳③				8.鎌倉大地震 11.建長寺落慶 10.「古今著聞集」成る

西暦	年号	干支	天皇	将軍	執権	事項
1258		戊午				○諸国に悪党蜂起
1259	正元3	己未⑩				○諸国飢饉死者多数
1260	文応4	庚申				7. 日蓮『立正安国論』を北条時頼に進上
1261	弘長2	辛酉⑦	亀山			5. 日蓮伊豆に流される 11. 北条重時没(64)
1262	2	壬戌⑦				2. 親鸞没(90) ○幕府沽価法・年紀法などを定める
1263	3	癸亥				11. 北条時頼没(37)
1264	文永2	甲子④				8. 北条長時没(35) 10. 幕府越訴奉行設置
1265	2	乙丑④				12.「続古今和歌集」成る
1266	3	丙寅		惟康王	政村	
1267	4	丁卯				9. 蒙古王世祖の国書来る
1268	5	戊辰①			時宗	10. 日蓮北条時宗に外寇を警告
1269	6	己巳				1. 延暦寺衆徒入京強訴 4. 仙覚『万葉集抄』成る
1270	7	庚午⑨				
1271	8	辛未				9. 蒙古の使者筑前に来る 日蓮佐渡へ流される
1272	9	壬申				10. 幕府諸国に大田文の提出を求める
1273	10	癸酉⑤				3. 元の使者大宰府に来る
1274	11	甲戌	後宇多			10. 蒙古軍北九州に来寇(文永の役)
1275	建治元4	乙亥				5. 幕府阿家人に長門警国を命ずる 9. 元使を龍口に斬る

西暦	年号	干支	天皇	政権担当	事項
1276	建治2	丙子③	後宇多	時宗	3. 幕府石塁の築造を命ずる 10. 金沢実時没 (53)
1277	3	丁丑			7. 落雷により興福寺炎上
1278	弘安元②	戊寅⑩			7. 蘭溪道隆没 (66)
1279	2	己卯			7. 幕府元使を博多で斬る ○一遍踊念仏を始める
1280	3	庚辰			10. 弁円没 (79) 11. 鎌倉大火
1281	4	辛巳⑦	亀山院	執員時	6. 元軍北九州に襲来
1282	5	壬午			10. 日蓮没 (61)
1283	6	癸未			8. 無住『沙石集』成る
1284	7	甲申④			4. 北条時宗没 (34) 10. 幕府倹約令を出す
1285	8	乙酉			11. 安達一族滅亡 (霜月騒動)
1286	9	丙戌⑫			9. 無学祖元没 (61)
1287	10	丁亥	伏見		12. 円覚寺火災
1288	正応元④	戊子	後深草院	将久明親王	
1289	2	己丑⑩			8. 一遍没 (51)
1290	3	庚寅			2. 幕府人身売買と沽酒を禁ずる
1291	4	辛卯			
1292	5	壬辰⑥			2. 熱田社焼失

西暦	和暦	干支	天皇	将軍/守邦王	執権	事項
1293	永仁元[8]	癸巳	伏見			2.「蒙古襲来絵詞」成る　7. 九州諸国に悪党蜂起
1294	2	甲午				
1295	3	乙未[2]				北九州に烽火を設置
1296	4	丙申				11. 箱根山噴火
1297	5	丁酉[10]				2. 鶴岡八幡宮焼亡
1298	6	戊戌	後伏見			3. 幕府徳政を行う（永仁徳政令）
1299	正安元[4]	己亥				2. 徳政令打ち切る
1300	2	庚子[7]				1. 鎮西評定衆設置
						7. 所領の質入売買禁止
1301	3	辛丑	後二条		師時	11. 異国兵船南九州に来る
1302	乾元元[11]	壬寅				12. 金沢実政没 (54)
1303	嘉元元[8]	癸卯[4]				7. 忍性没 (87)　12. 幕府一向宗徒を禁圧
1304	2	甲辰				2. 後深草法皇没 (62)
1305	3	乙巳[12]				2. 洛中沽酒禁止
1306	徳治元[12]	丙午				この頃「釈日本紀」成る
1307	2	丁未	花園			12. 春日神木入洛　○雪村友梅入元
1308	延慶元[10]	戊申[8]		守邦王		8. 平政連「諫草」を北条貞時に進める
1309	2	己酉				「新後撰和歌集」成る
1310	3	庚戌				11. 鎌倉大火

西暦	年号	干支	天皇	政権担当	事　項
1311	応長元⁴	辛亥⑥	花園	伏見院 宗宣	6. 興福寺と多武峯合戦　9. 北条師時没(37)
1312	正和元³	壬子		執 宣	3.「玉葉和歌集」成る
1313	2	癸丑		後伏見院 熙時	3. 善光寺炎上
1314	3	甲寅③		執 時	3. 春日神木入洛　③石清水八幡神人ら強訴
1315	4	乙卯			3. 鎌倉大火　12. 東大寺兵庫関につき強訴
1316	5	丙辰⑩		基時 執	7. 疫病流行
1317	文保元²	丁巳		高時	4. 幕府両統送立を提案　10. 一山一寧没(71)
1318	2	戊午	後醍醐	後宇多院	1. 東大寺八幡神輿入洛　○幕府悪党追捕を命ずる
1319	元応元⁷	己未⑦			○出羽の蝦夷反乱
1320	2	庚申			
1321	元亨元⁵	辛酉⑤		貞顕 執	12. 院政をやめ天皇親政開始
1322	2	壬戌			○陸奥の安東氏の乱
1323	3	癸亥			5. 鎌倉大地震　6. 大仏宣時没(86)
1324	正中元¹²	甲子			9. 天皇の討幕計画露顕(正中の変)
1325	2	乙丑①			8. 日野資朝佐渡へ流される
1326	嘉暦元⁴	丙寅			この頃「石山寺縁起」成る
1327	2	丁卯⑨			12. 護良親王天台座主となる

西暦	和暦	干支	和暦2	天皇	院	将軍	執権	事項
1328	3	戊辰		後醍醐	後伏見院		守時	6. 朝廷沽酒法を定める
1329	元徳元⁸	己巳						
1330	2	庚午⑥						
1331	3	辛未	元弘元⁸					8. 後醍醐天皇笠置に逃れる 9. 楠木正成挙兵
1332	正慶元⁴	壬申	2		光厳			3. 天皇隠岐に流される 11. 正成千早城に拠る
1333	2	癸酉②	3					②天皇隠岐を脱出 5. 六波羅および鎌倉陥落
1334	建武元¹	甲戌						3. 銭貨鋳造令 5. 徳政令
1335	2	乙亥⑩						7. 中先代の乱、護良親王没 (28)
1336	3	丙子	延元元²			足利尊氏		12. 後醍醐天皇吉野に潜行 (南北両朝分裂)
1337	4	丁丑	2		光明			12. 北畠顕家鎌倉攻略
1338	暦応元⁸	戊寅⑦	3					⑦北畠顕家越前で敗死 (37) 8. 尊氏征夷大将軍となる
1339	2	己卯	4					8. 後醍醐天皇没 (52)
1340	3	庚辰	興国元⁴	後村上				
1341	4	辛巳④	2					11. 北畠親房関城に移る
1342	康永元⁴	壬午	3					4. 五山十刹の制を定める
1343	2	癸未	4					11. 常陸関・大宝両城陥落
1344	3	甲申②	5					
1345	貞和元¹⁰	乙酉	6					6. 河内観心寺再建 高師直事 3. 備後浄土寺阿弥陀堂成る

西暦	年号	干支	年号	天皇	政権担当	事項
1346	貞和2	丙戌[9]	正平元[12]	後村上	足利尊氏 / 高師直	7. 虎関師錬没(69)、雪村友梅没
1347	3	丁亥[2]	2			8〜11. 楠木正行紀伊・河内・摂津に転戦
1348	4	戊子	3	崇光		1. 後村上天皇賀名生に移る
1349	観応元[6]	己丑[6]	4		*	⑥足利義生と高師直不和
1350	2	庚寅	5		**	4. 吉田兼好没(68) 12. 足利直義南朝に帰服
1351	2	辛卯	6	後光厳		9. 夢窓疎石没(77) 10. 南朝尊氏・義詮の降伏を許す
1352	文和元[9]	壬辰[2]	7			2. 尊氏直義(47)を殺害 11. 直冬南朝に帰順
1353	2	癸巳	8		事 仁木頼章	5. 北条時行没
1354	3	甲午[10]	9			前年より足利直冬の勢威ふるう 4. 北畠親房没(62)
1355	4	乙未	10			2. 南北両軍京都で戦う
1356	丙申	5	11			3. 二条良基「菟玖波集」成る
1357	延文3[3]	丁酉[7]	12			10. 興福寺内紛
1358	2	戊戌	13		将 義詮	4. 足利尊氏没(54) 10. 新田義興没(28)
1359	3	己亥	14			8. 懐良親王・菊池武光ら少弐頼尚と戦う
1360	4	庚子[4]	15		事 細川清氏	5. 細川清氏楠木正儀の赤坂城を攻める
1361	康安元[3]	辛丑	16			6. 畿内大地震 12. 南軍京都に入る
1362	貞治元[9]	壬寅	17			

西暦	干支	和暦		長慶	後円融	将軍 義満	管事 斯波義将	管領 細川頼之	鎌氏満	事項
1363	癸卯①	2	18							3. 上杉憲顕関東管領となる
1364	甲辰	3	19							
1365	乙巳⑨	4	20							
1366	丙午	5	21							
1367	丁未	6	22							7. 光厳法皇没 (52)
1368	戊申⑥	応安元²	23							12. 幕府奢侈禁制、足利義詮没 (38)
1369	己酉	2	24							3. 武蔵平一揆おこる
1370	庚戌	3								1. 楠木正儀足利義満に降伏
1371	辛亥③	4	建徳元⁷ 2							9. 東国大風飢饉
1372	壬子	5	文中元⁴							2. 今川貞世鎮西探題として赴任
1373	癸丑⑩	6	2							3. 頓阿没 (84) 8. 今川貞世大宰府を攻略
1374	甲寅	7	3							8. 佐々木道誉没 (68)
1375	乙卯	永和元²	天授元⁵							9. 今川貞世九州の諸領主を服属させる
1376	丙辰⑦	2	2							1. 中厳円月没 (76)
1377	丁巳	3	3							8. 今川貞世薩摩・大隅の守護となる
1378	戊午	4	4							
1379	己未④	康暦元³	5							3. 義満花の御所を造営 ④細川頼之管領職を解かれる
1380	庚申	2	6							10. 大内弘世没 (55 ?)

* 執事・高師世 ** 執事・高師直

西暦	年号	干支	年号	天皇		政権担当		事　項
1381	永徳元²	辛酉	弘和元²	後円融	長慶	義満	氏満	12. 小山義政足利氏満に降伏
1382	2	壬戌①	2	後小松			管 斯波義将	①楠木正儀南朝に帰順
1383	3	癸亥	3					6. 義満准三后となる
1384	至徳元	甲子⑨	元中元⁴		後亀山			5. 観阿弥清次没(52)
1385	2	乙丑	2					8. 宗良親王没(74)
1386	3	丙寅	3					7. 五山の制を定める
1387	嘉慶元⁸	丁卯⑤	4					7. 常陸小田城陥落
1388	2	戊辰	5					4. 義堂周信没(64) ○楠木正秀河内に挙兵
1389	康応元²	己巳	6					2. 高麗軍対馬を攻撃
1390	明徳元³	庚午③	7					③土岐氏の乱
1391	2	辛未	8					12. 明徳の乱
1392	3	壬申⑩	9				管 細川頼元	3. 細川頼之没(64) ⑩南北両朝合一
1393	4	癸酉						8. 南禅寺焼失
1394	応永元⁷	甲戌					管 斯波義将	1. 今川貞世島津氏と戦う
1395	2	乙亥⑦				将 義持		12. 満済醍醐寺座主となる
1396	3	丙子						
1397	4	丁丑						8. 義満明に使節を送る

1398	5	戊寅④		称光	管畠山基国	11. 足利氏満没 (40)
1399	6	己卯				12. 大内義弘敗死 (45) (応永の乱)
1400	7	庚辰				
1401	8	辛巳①				5. 義満肥富・祖阿を明に遣わす
1402	9	壬午				3. 世阿弥「風姿花伝」成る
1403	10	癸未⑩				2. 義満明への国書に「日本国王」と自署
1404	11	甲申				
1405	12	乙酉				4. 絶海中津没 (70)
1406	13	丙戌⑥				1. 畠山基国没 (55)
1407	14	丁亥			管斯波義教	9. 幕府京都に地口銭を課す 11. 円覚寺焼失
1408	15	戊子③				5. 義満没 (51) 12. 幕府土倉・酒屋役の制を定める
1409	16	己丑③				9. 足利持氏鎌倉公方となる 11. 幕府率分関を廃止
1410	17	庚寅			*	5. 斯波義将没 (61) 12. 山科教言没 (83)
1411	18	辛卯⑩			**	⑩ 興福寺東金堂焼亡
1412	19	壬辰			管細川満元	6. 南蛮船若狭に来着 12. 上杉憲定没 (38)
1413	20	癸巳				
1414	21	甲午⑦				12. 建長寺焼亡
1415	22	乙未				5. 延暦寺衆徒ら強訴

＊管前・斯波義淳　＊＊管畠山・畠山満家

西暦	年号	干支	天皇	政権担当	事項
1416	応永23	丙申	称光	義持 / 満元 持氏	10. 上杉禅秀の乱
1417	24	丁酉⑤			
1418	25	戊戌			6. 大津馬借強訴
1419	26	己亥			6. 応永の外寇
1420	27	庚子①			○大旱により死者多し
1421	28	辛丑			11. 円覚寺火災　○飢饉により死者多し
1422	29	壬寅⑩			1. 一条兼良「公事根源」成る
1423	30	癸卯		将 義量 / 畠山満家 管	
1424	31	甲辰			2. 幕府鎌倉府と和睦　6. 興福寺東大寺と争う
1425	32	乙巳⑥			8. 島津忠国日向・大隅・薩摩3国の守護となる
1426	33	丙午			6. 近江坂本の馬借京都に乱入
1427	34	丁未			3. 信濃善光寺焼失　4. 幕府洛中洛外の酒屋条々制定
1428	正長元⁴	戊申③	後花園		9. 近江・山城の土民ら徳政要求一揆（正長の土一揆）
1429	永享元⁹	己酉⑩		将 義教 / 斯波義淳 管	○播磨・丹波・伊勢一揆おこる
1430	2	庚戌⑪			11. 世阿弥「申楽談儀」成る　⑩伊勢山田三方一揆
1431	3	辛亥			6. 大内盛見大友持直らと戦い敗死
1432	4	壬子			4. 伊勢神宮領で土一揆蜂起　9. 大和国で土一揆おこる

西暦	和暦	干支	将軍	管領	事項
1433	5	癸丑⑦			3. 山城国伏見荘と醍醐炭山の境相論
1434	6	甲寅			1. 九州探題渋川満直敗死 5. 世阿弥佐渡へ流される
1435	7	乙卯			6. 三宝院満済没(58)
1436	8	丙辰⑤			5. 幕府貸借償法を定める 12. 肥前平戸党一揆を結ぶ
1437	9	丁巳			1. 幕府大和の越智維通討伐を命ずる
1438	10	戊午			5. 飢饉・疫病のため死者多数 10. 三浦時高鎌倉を襲う
1439	11	己未①			2. 永享の乱おこり足利持氏自殺(42)
1440	12	庚申		管細川持之	3. 持氏の子春王・安王結城に挙兵 7. 上杉清方結城城を包囲
1441	嘉吉元②	辛酉⑨	将義勝		4. 結城合戦 6. 嘉吉の乱 8. 徳政一揆
1442	2	壬戌			6. 幕府京都の酒屋に課税
1443	3	癸亥			○世阿弥清次没(81)
1444	文安元②	甲子⑥		管畠山持国	⑥「下学集」成る
1445	2	乙丑			
1446	3	丙寅			7. 大和の馬借奈良に乱入
1447	4	丁卯②		管細川勝元	7. 近江・河内・山城・大和に土一揆おこる 9. 丹波国一揆おこる
1448	5	戊辰	将義政		
1449	宝徳元⑦	己巳⑩		鎌倉公方成氏	1. 足利成氏鎌倉公方となる
1450	2	庚午			6. 龍安寺創建

西暦	年号	干支	天皇	政権担当			事項
1451	宝徳3	辛未	後花園	義政	持国	成氏	9.山城土一揆 10.大和徳政一揆
1452	享徳元⑧	壬申					8.幕府徳政施行を宣す
1453	2	癸酉					
1454	3	甲戌					9.山城徳政一揆 11.播磨徳政一揆
1455	康正元④	乙亥				古河足利成氏	6.足利成氏古河に移る(古河公方) 10.幕府徳政令条を定む
1456	2	丙子			細川勝元		9.近江に徳政一揆おこる
1457	長禄元⑨	丁丑					4.太田道灌江戸城を築く
1458	2	戊寅①					2.鞍馬寺焼亡
1459	3	己卯					
1460	寛正元⑨	庚辰				堀越足利政知	1.円覚寺焼失 8.京都七口に新関を設ける ○飢童死者多数
1461	2	辛巳					飢饉により流民京都に流入
1462	3	壬午					10.土一揆京都・奈良に乱入
1463	4	癸未⑥					9.京都徳政一揆
1464	5	甲申			畠山政長		
1465	6	乙酉	後土御門				
1466	文正元②	丙戌			*		10.山城西岡で土一揆,南山城の馬借蜂起 9.山城徳政一揆
1467	応仁元3	丁亥					5.応仁の乱おこる

西暦	和暦	干支			事項
1468	2	戊子⑩	管領細川勝元		8. 一条兼良奈良へ避難　9. 一条教房土佐国へ下向
1469	文明元	己丑			○雪舟明から帰る
1470	2	庚寅			12.『菅隣国宝記』成る
1471	3	辛卯⑧			7. 蓮如越前吉崎に坊舎を建てる　○『海東諸国記』成る
1472	4	壬辰		＊＊	9. 近江・山城に土一揆　12. 一条兼良『花鳥余情』成る
1473	5	癸巳		将義尚	3. 山名持豊没(70)　5. 細川勝元没(44)
1474	6	甲午⑤			3. 加賀一向一揆おこる
1475	7	乙未			4. 心敬没(70)
1476	8	丙申			4. 筒井順永没(58)
1477	9	丁酉①			11. 大内政弘・畠山義就ら帰国(応仁の乱おわる)
1478	10	戊戌			12. 山城土一揆関所撤廃を要求
1479	11	己亥⑨			4. 蓮如、山科本願寺建立
1480	12	庚子	管領畠山政長		9. 京都土一揆酒屋・土倉を襲撃　○各地に土一揆おこる
1481	13	辛丑			4. 一条兼良没(80)　11. 一休宗純没(88)
1482	14	壬寅⑦			6. 義政銀閣寺に移る　10. 大和布留郷の一揆
1483	15	癸卯			6. 畠山義就と政長戦う
1484	16	甲辰			
1485	17	乙巳③			12. 山城国一揆両畠山氏の退去を要求

＊管領・斯波義廉　＊＊管領・畠山政長

西暦	年号	干支	天皇	政権担当			事項
1486	文明18	丙午	後土御門	義尚	**政長**	政知	2. 山城国一揆宇治平等院で掟を定める
1487	長享元⁷	丁未①			政元		9. 足利義尚六角高頼を討つ
1488	2	戊申		*			6. 加賀一向一揆守護富樫氏を自殺させる
1489	延徳元⁸	己酉					5. 京都大火
1490	2	庚戌⑧					3. 土一揆北野社に閉籠 ⑧京都・大和に土一揆おこる
1491	3	辛亥		将義材			9. 幕府六角高頼を破る
1492	明応元⁷	壬子					④畠山政長自殺
1493	2	癸丑④			細川政元	***	10. 上杉定正没 (51) 8. 伊勢貞陸山城国一揆を鎮圧
1494	3	甲寅		将義澄			9. 大内政弘没 (50)、北条早雲伊豆を攻略し堀越公方滅亡 ○北条早雲小田原城に入る 10. 京都土一揆
1495	4	乙卯					
1496	5	丙辰②					5. 日野富子没 (57)
1497	6	丁巳				古政氏	9. 足利成氏没 (64) 12. 大和土一揆
1498	7	戊午⑩					3. 蓮如没 (85) 5. 京都大洪水 9. 土一揆 7. 京都大火
1499	8	己未					5. 大和土一揆、徳政行われる 10. 撰銭禁止
1500	9	庚申					○早魃により飢饉
1501	文亀元²	辛酉②	後柏原				
1502	2	壬戌					6. 若狭土一揆守護軍と戦う 7. 宗祇没 (82)

			将	管領		
1503	3	癸亥	義稙	細川高国		8. 奈良の諸寺徳政を実施
1504	永正元②	甲子③				9. 分一徳政行われる ○東国飢饉
1505	2	乙丑				10. 撰銭令 ○大飢饉
1506	3	丙寅⑪				大和・河内・丹後・加賀・能登・越中など各地で戦乱
1507	4	丁卯				6. 細川政元没 (42)
1508	5	戊辰				8. 撰銭令
1509	6	己巳⑧				2. 大和・山城土一揆 ⑧撰銭令
1510	7	庚午				4. 三浦の乱
1511	8	辛未			古高墓	
1512	9	壬申④				12. 撰銭令
1513	10	癸酉				6. 豊原統秋「體源抄」大筑波集」成る
1514	11	甲戌				○山崎宗鑑「犬筑波集」成る
1515	12	乙亥②				
1516	13	丙子				4. 九条政基没 (72)
1517	14	丁丑⑩				9. 「清水寺縁起絵巻」成る
1518	15	戊寅				10. 大内義興撰銭禁令を出す
1519	16	己卯				8. 北条早雲没 (88)
1520	17	庚辰⑥				2. 京都土一揆、徳政令 10. 六角高頼没 (59)

＊将軍・足利義稙　＊＊管領・細川政元　＊＊＊堀越公方・茶々丸

西暦	年号	干支	天皇	政権担当			事項
1521	大永元	辛巳	後柏原	将軍義晴	細川高国	高基	4. 足利義稙没(58)
1522	2	壬午					
1523	3	癸未③					6. 毛利氏と尼子氏戦う
1524	4	甲申					5. 土佐光信没(92)
1525	5	乙酉⑪			*		4. 今川仮名目録　12. 徳政令
1526	6	丙戌					
1527	7	丁亥					5. 近江坂本に徳政一揆おこる
1528	享禄元⑧	戊子⑨	後奈良		管畠山義堯		9. 将軍義晴朽木氏を頼る
1529	2	己丑					11.「七十一番職人歌合」成る
1530	3	庚寅					12. 徳政令
1531	天文元⑤	辛卯⑤				晴氏 古	6. 細川高国没(48)
1532	2	壬辰					3. 宗長没(85)
1533	2	癸巳					
1534	3	甲午①					9. 足利義晴京都に入る
1535	4	乙未					12. 織田信秀三河に侵入
1536	5	丙申⑩					4. 伊達氏「塵芥集」成る　7. 天文法華の乱
1537	6	丁酉					10. 三条西実隆没(83)

年	干支		将軍	管領	事項
1538	戊戌 ⑦			細川晴元	
1539	己亥 ⑧				
1540	庚子 ⑨				8. 尼子氏石見銀山を攻略 10. 毛利元就尼子軍を破る
1541	辛丑 ⑩				7. ポルトガル船豊後に漂着、北条氏綱没 (55)
1542	壬寅 ③				8. 織田信秀三河で今川義元を破る
1543	癸卯 ⑫				8. ポルトガル船種子島に漂着し鉄砲を伝える
1544	甲辰 ⑪				8. 近衛尚通没 (73)
1545	乙巳 ⑭				
1546	丙午 ⑮		義輝		10. 京都土一揆蜂起し徳政要求
1547	丁未 ⑦				5. 最後の勘合遣明船出発 6. 信玄家法55条定める
1548	戊申 ⑰				3. 越前の朝倉孝景没 (56)
1549	己酉 ⑱				7. フランシスコ・ザビエル鹿児島に来る
1550	庚戌 ⑤				2. 大友義鑑没 (49) 5. 足利義晴没 (40)
1551	辛亥 ⑳			細川氏綱	9. 大内義隆陶隆房に攻められ自害
1552	壬子 ㉑				古義氏
1553	癸丑 ①				長尾景虎と武田晴信川中島で戦う
1554	甲寅 ㉓				11. 北条氏康古河城を攻略
1555	弘治元 ⑩				2. 相良氏法度制定 10. 毛利元就厳島で陶晴賢を破る

* 管領：細川頼国

西暦	年号	干支	天皇	政権担当	事　項
1556	弘治2	丙辰	正親町	義輝	4. 斎藤道三没（？）　11. 結城家法度制定
1557	3	丁巳			
1558	永禄元②	戊午			10. 狩野元信没(84)
1559	2	己未			2. 織田信長上洛
1560	3	庚申			5. 信長今川義元を桶狭間に破る　12. 尼子晴久没(47)
1561	4	辛酉③			5. 斎藤義龍没(35)　9. 上杉謙信と武田信玄川中島で戦う
1562	5	壬戌			7. 毛利元就尼子氏を破る
1563	6	癸亥⑫			3. 細川晴元没(50)　○三河一向一揆蜂起
1564	7	甲子			4. 毛利元就尼子氏を破る　7. 三好長慶没(42)
1565	8	乙丑			5. 足利義輝殺害される(30)　11. 松永久秀筒井順慶を破る
1566	9	丙寅⑧			
1567	10	丁卯		*	4. 六角義治式目をつくる　10. 信長美濃加納を楽市とする
1568	11	戊辰		将義昭	9. 信長足利義昭を奉じて入京
1569	12	己巳⑤			10. 信長伊勢を平定
1570	元亀元	庚午			6. 姉川合戦
1571	2	辛未			9. 信長延暦寺を焼打ち
1572	3	壬申①			12. 三方原合戦

西暦	和暦	干支	天皇	事項
1573	天正元[7]	癸酉		4. 武田信玄没(53) 5. 越前朝倉氏滅亡、浅井氏近江小谷城陥落
1574	2	甲戌[⑪]		8. 信長伊勢長島一向一揆を討つ
1575	3	乙亥		5. 武田勝頼遠江高天神城攻撃
1576	4	丙子		5. 長篠合戦
1577	5	丁丑[⑦]		2. 信長安土城に入る
1578	6	戊寅		6. 信長安土城下を楽市とする 9. 信長伊勢長島一向一揆を討つ 10. 松永久秀没(68)
1579	7	己卯		11. 信長毛利の水軍を破る
1580	8	庚辰[③]		5. 安土宗論 9. 柴田勝家加賀一向一揆を制圧
1581	9	辛巳		5. 京都大洪水で四条橋流失
1582	10	壬午		6. 本能寺で信長(49)討たれる、豊臣秀吉明智光秀(55)を破る
1583	11	癸未[①]		4. 賤ヶ岳合戦、柴田勝家没(62)
1584	12	甲申		4. 長久手合戦 8. 筒井順慶没(?)
1585	13	乙酉[⑧]	後陽成	3. 秀吉根来・雑賀一揆を討つ 7. 秀吉関白となる
1586	14	丙戌		12. 秀吉太政大臣となる
1587	15	丁亥		3. 秀吉九州へ下向
1588	16	戊子[⑤]		7. 秀吉刀狩を令す
1589	17	己丑		
1590	18	庚寅		4. 秀吉軍小田原城を囲む 7. 小田原陥落 8. 徳川家康江戸城に入る

* 将軍・足利義栄[7]

西暦	年号	干支	天皇	将軍	事　項
1591	天正 19	辛卯①	後陽成		8. 秀吉身分制を定める
1592	文禄元[12]	壬辰⑨			3. 秀吉朝鮮に出兵（文禄の役）
1593	2	癸巳⑨			
1594	3	甲午			
1595	4	乙未			2. 蒲生氏郷没 (40)　7. 豊臣秀次没 (28)
1596	慶長元[10]	丙申⑦			11. 秀吉大坂城に移る
1597	2	丁酉			1. 秀吉朝鮮に出兵（慶長の役）　3.「長宗我部元親百箇条」成る
1598	3	戊戌			8. 秀吉没 (63)、朝鮮出兵撤兵
1599	4	己亥③			5. 方広寺鐘銘事件　長宗我部元親没 (61)
1600	5	庚子			9. 関ヶ原合戦
1601	6	辛丑①		徳川家康	8. 京都所司代設置
1602	7	壬寅			この頃佐渡・石見の鉱山多量の金銀を産出
1603	8	癸卯			2. 家康征夷大将軍となる
1604	9	甲辰⑧			5. 糸割符制度を定める
1605	10	乙巳		秀忠	○関東諸国大凶作
1606	11	丙午			
1607	12	丁未④			12. 幕府慶長通宝鋳造

1608	13	戊申		12. 再度永楽銭の通用禁止。
1609	14	己酉		7. 金銀銭の交換比率を定める(永楽銭1貫文=京銭4貫文=銀50匁=金1両)
1610	15	庚戌②		○太田牛一「信長公記」成る
1611	16	辛亥	後水尾	
1612	17	壬子⑩		12. 小瀬甫庵「信長記」成る
1613	18	癸丑		3. キリシタン禁教令
1614	19	甲寅		9. 支倉常長出航しヨーロッパへ向かう
				10. 大坂冬の陣
1615	元和元⁷	乙卯⑥		閏6. 一国一城令 7. 武家諸法度・禁中並公家諸法度を定める
				4. 大坂夏の陣
1616	2	丙辰		3. 家康太政大臣となる 4. 家康没(75)
1617	3	丁巳		
1618	4	戊午③		
1619	5	己未		
1620	6	庚申		○菱垣廻船始まる
				4. ウィリアム・アダムス没(57) 8. 支倉常長帰国
1621	7	辛酉		
1622	8	壬戌		12. 織田有楽斎没(75)
1623	9	癸亥⑧	家光	○毛利重能「割算書」成る ○支倉常長没(52)
				10. 幕府江戸でキリシタン多数を処刑
1624	寛永元²	甲子		2. 諸国で伊勢踊流行 7. 福島正則没(64)
1625	2	乙丑		4. 毛利輝元没(73)

西暦	年号	干支	天皇	将軍	事　項
1626	寛永3	丙寅④	後水尾	家光	④人身売買禁止．　7.紫衣事件　8.吉田光由「塵劫記」成る
1627	4	丁卯			
1628	5	戊辰			この頃江戸で女歌舞伎流行
1629	6	己巳②			9.武家諸法度改定　10.女舞・女歌舞伎禁止．
1630	7	庚午	明正		○山田長政シャムで毒殺される
1631	8	辛未⑩			9.旗本諸法度制定
1632	9	壬申			
1633	10	癸酉			2.奉書船以外の海外渡航禁止
1634	11	甲戌⑦			8.譜代大名の妻子を江戸に移させる
1635	12	乙亥			5.鎖国令　6.参勤交代を制度化
1636	13	丙子			6.寛永通宝鋳造
1637	14	丁丑③			10.島原の乱おこる
1638	15	戊寅			2.原城陥落　9.キリスト教禁止
1639	16	己卯⑪			7.ポルトガル船の来航禁止
1640	17	庚辰			8.小瀬甫庵没(77)
1641	18	辛巳			5.オランダ商館を長崎出島に移す
1642	19	壬午⑨			○大飢饉

西暦	和暦	干支	天皇	事項
1643	20	癸未	後光明	3. 田畑永代売買禁止令
1644	正保元[12]	甲申		三浦浄心没(80)　7. 土井利勝没(72)
1645	2[5]	乙酉		5. 宮本武蔵没(62)　12. 細川忠興没(83)　沢庵宗彭没(73)
1646	3	丙戌		3. 柳生宗矩没(76)
1647	4	丁亥		3. 小堀遠州没(69)　4. 仙台大火
1648	慶安元[①]	戊子		8. 中江藤樹没(41)
1649	2	己丑		2. オランダ人風説書を提出
1650	3	庚寅[⑩]		6. 中江藤樹「翁問答」成る　12. 谷時中没(52)
1651	4	辛卯	後西	4. 徳川家光没(48)　7. 由井正雪事件(慶安事件)おこる
1652	承応元	壬辰		1. 安井算哲没(63)　7. 幕府日光奉行を置く　12. 佐倉宗吾一揆
1653	2	癸巳[⑥]		⑥幕府釈奠座を設ける　11. 松永貞徳没(83)
1654	3	甲午		6. 玉川上水完成
1655	明暦元[4]	乙未		8. 筑前に大風　この頃湯女流行
1656	2	丙申[④]		1. 江戸大火(振袖事件)、林羅山没(75)
1657	3	丁酉		
1658	万治元[7]	戊戌[⑫]		8. 近畿大洪水　9. 江戸に定火消を設ける
1659	2	己亥		12. 江戸両国橋架設　○修学院離宮完成・洪水
1660	3	庚子		9. 諸国大風雨・洪水

西暦	年号	干支	天皇	将軍	事　項
1661	寛文元[4]	辛丑[8]	後西	家綱	1. 京都大火
1662	2	壬寅			3. 松平信綱没(67)　7. 酒井忠勝没(76)　○伊藤仁斎古義堂を開く
1663	3	癸卯	霊元		5. 幕府殉死を禁ず　12. 野中兼山没(49)
1664	4	甲辰[5]			9. 江村専斎没(100)
1665	5	乙巳			7. 幕府諸大名の人質廃止　8. 諸宗寺院法度制定
1666	6	丙午			2. 千姫没(70)
1667	7	丁未[2]			② 幕府諸国巡検使を派遣
1668	8	戊申			
1669	9	己酉[10]			2. 江戸桝を京桝に統一　7. シャクシャインの乱
1670	10	庚戌			○箱根用水完成
1671	11	辛亥			2. 伊達騒動決着す　○東廻り航路開く
1672	12	壬子[6]			3. 石川丈山没(90)　12. 保科正之没(62)
1673	延宝元[9]	癸丑			6. 分地制限令
1674	2	甲寅			10. 狩野探幽没(73)
1675	3	乙卯[4]			
1676	4	丙辰			2. 大和・摂津・河内の飢民5万人に賑給
1677	5	丁巳[12]			3. 畿内近国総検地　○諸国風水害

1678	6	戊午		1. 江戸に大名火消を定める
1679	7	己未		
1680	8	庚申⑧		○諸国で夏は水害冬は大旱
1681	天和元⑨	辛酉	綱吉	5. 酒井忠清没(58)
1682	2	壬戌		10. 西鶴「好色一代男」成る　12. 江戸大火(八百屋おしちの火事)
1683	3	癸亥⑤		
1684	貞享元2	甲子		8. 堀田正俊(51)殺害される
1685	2	乙丑		9. 山鹿素行没(64)
1686	3	丙寅③		○西鶴「好色一代女」刊
1687	4	丁卯		1. 生類憐みの令
1688	元禄元⑨	戊辰		1. 西鶴「日本永代蔵」成る　2. 美服禁止令
1689	2	己巳①	東山	3. 芭蕉「奥の細道」の旅に出る　11. 渋川春海天文台をつくる
1690	3	庚午		8. ドイツ人ケンペル来日
1691	4	辛未⑧		4. 別子銅山開坑　8. 熊沢蕃山没(73)
1692	5	壬申		1. 西鶴「世間胸算用」成る
1693	6	癸酉		8. 井原西鶴没(52)
1694	7	甲戌⑤		10. 松尾芭蕉没(51)　○江戸十組問屋成立
1695	8	乙亥		8. 金銀貨幣改鋳

西暦	年号	干支	天皇	将軍	事　項
1696	元禄 9	丙子	東山	綱吉	○米価騰貴し幕府米買占商人の米を没収
1697	10	丁丑②			7. 元禄の地方直し
1698	11	戊寅			12. 木下順庵没 (78)
1699	12	己卯⑨			6. 河村瑞賢没 (82)
1700	13	庚辰			11. 金1両＝銀60匁＝銭4貫文と定める　12. 徳川光圀没 (73)
1701	14	辛巳			1. 契沖没 (62)　3. 浅野長矩江戸城中で吉良義央を斬り改易切腹
1702	15	壬午⑧			12. 赤穂浪士大石良雄ら吉良義央を討つ
1703	16	癸未			11. 南関東大地震
1704	宝永元3	甲申			1〜3. 浅間山噴火　7. 諸国洪水
1705	2	乙酉④			○お蔭参り流行
1706	3	丙戌			
1707	4	丁亥			11. 富士山噴火
1708	5	戊子①			3. 京都大火、大坂大火、関孝和没 (67 ?)
1709	6	己丑			1. 新井白石幕臣に登用される　11. 白石シドッチを訊問
1710	7	庚寅⑧	中御門	家宣	3. 幕府諸国巡検使派遣
1711	正徳元4	辛卯			朝鮮通信使の待遇を改める
1712	2	壬辰			2.

西暦	和暦	干支	将軍	出来事
1713	3	癸巳⑤	家継	1. 貝原益軒「養生訓」成る　4. 幕領の大庄屋制廃止
1714	4	甲午		3. 絵島事件　5. 金銀改鋳
1715	5	乙未		1. 海舶互市新例
1716	享保元⑥	丙申②		5. 徳川吉宗将軍となる
1717	2	丁酉	吉宗	
1718	3	戊戌⑩		○お蔭参り流行
1719	4	己亥		11. 相対済し令
1720	5	庚子		8. 江戸町火消いろは45組創設
1721	6	辛丑⑦		1〜3. 江戸大火　8. 目安箱を設置
1722	7	壬寅		7. 上げ米の制　12. 小石川養生所設置
1723	8	癸卯		6. 足高の制
1724	9	甲辰④		3. 大坂大火　6. 倹約令
1725	10	乙巳		5. 新井白石没 (69)
1726	11	丙午		
1727	12	丁未①		
1728	13	戊申		1. 荻生徂徠没 (63)
1729	14	己酉⑨		12. 田中丘隅没 (68)
1730	15	庚戌		4. 上げ米制廃止　11. 大道寺友山没 (92)

西暦	年号	干支	天皇	将軍	事　項
1731	享保16	辛亥	中御門	吉宗	○米価下落し大坂の富商に買米を命ず
1732	17	壬子⑤			西日本大飢饉　9. 西日本に疫病流行死者多数, 打ちこわし頻発
1733	18	癸丑			1. 米価騰貴　○西日本に疫病流行(?)　8. 堂嶋巣没 (77)
1734	19	甲寅			4. 紀伊国屋文左衛門歿 (?)
1735	20	乙卯③	桜町		10. 米の最低価格を定める
1736	元文元④	丙辰			5. 元文金銀貨鋳造
1737	2	丁巳⑪			5. 江戸大火
1738	3	戊午			8. 関東の新田開発促進
1739	4	己未			2. 因伯一揆おこる
1740	5	庚申⑦			9. 青木昆陽甲斐・信濃の古文書採訪
1741	寛保元²	辛酉			4. 公事方御定書制定
1742	2	壬戌			6. 尾形乾山没 (81)
1743	3	癸亥④			9. 田畑永代売買禁令を緩和, 石田梅岩没 (60)　○江戸神田に天文台できる
1744	延享元¹	甲子		家重	3. 長崎貿易をオランダ船2隻と中国船10隻に制限
1745	2	乙丑⑫			2. 盗賊浜島庄兵衛自訴　4. 江戸城二の丸全焼　5. 大宰春台没 (68)
1746	3	丙寅			
1747	4	丁卯			

1748	寛延元7	戊辰⑩	桃園	5. 定免制全面施行　8. 関東大風雨
1749	2	己巳		
1750	3	庚午		2. 全国の人口調査（米倉騒動）　7. 甲斐国一揆（米倉騒動）
1751	宝暦元⑩	辛未⑥		6. 徳川吉宗没 (68)　8. 荷田在満没 (46)　12. 大岡忠相没 (75)
1752	2	壬申		
1753	3	癸酉		4. 幕府諸大名に備荒貯穀を命ず　12. 薩摩藩に木曾川治水工事を命ず
1754	4	甲戌②		②山脇東洋ら囚人の死体解剖　3. 久留米藩大一揆
1755	5	乙亥		1. 雨森芳洲没 (88)　2. 安藤昌益「自然真営道」成る　9. 足利学校焼失
1756	6	丙子⑪		○米価高騰
1757	7	丁丑		6. 賀茂真淵「冠辞考」成る　○東国各地に水害
1758	8	戊寅		7. 宝暦事件　○長州藩政改革始まる
1759	9	己卯⑦		2. 山県大弐「柳子新論」成る　6. 服部南郭没 (77)
1760	10	庚辰		2. 江戸大火
1761	11	辛巳	家治	12. 米価下落、上田藩領農民強訴
1762	12	壬午④		8. 山脇東洋没 (58)
1763	13	癸未	後桜町	5. 本居宣長賀茂真淵に会い入門
1764	明和元⑥	甲申⑫		⑫東国の農民伝馬助郷反対一揆
1765	2	乙酉		9. 5匁銀を発行

西暦	年号	干支	天皇	将軍	事　項
1766	明和3	丙戌	後桜町	家治	8. 明和事件起こる　12. 米澤藩の改革始まる
1767	4	丁亥⑨			○大坂・伊勢・佐渡・越前・越後にうちこわし・一揆おこる
1768	5	戊子			1～3. 京畿諸国飢饉　10. 青木昆陽没 (72)　賀茂真淵没 (73)
1769	6	己丑			
1770	7	庚寅⑥			4. 幕府百姓一揆につき密告を奨励
1771	8	辛卯	後桃園		3. 杉田玄白ら「解体新書」の翻訳開始
1772	安永元⑪	壬辰			1. 田沼意次老中となる　2. 江戸大火 (行人坂火事)　10. 銭相場下落
1773	2	癸巳③			4. 飛騨大一揆
1774	3	甲午			8. 杉田玄白ら「解体新書」成る
1775	4	乙未⑫			
1776	5	丙申			4. 池大雅没 (54)　8. 高野山領農民大一揆　10. 谷川士清没 (68)
1777	6	丁酉			11. 摂河泉の農民繰綿延売買会所の廃止を求めて国訴
1778	7	戊戌⑦			3. 幕府食物生産を奨励
1779	8	己亥			8. 東国風水害、江戸大火　12. 平賀源内没 (52)
1780	9	庚子	光格		この頃諸藩の藩校設立盛ん
1781	天明元⑤	辛丑④			1. 湯浅常山没 (74)　8. 上州絹一揆
1782	2	壬寅			

西暦	和年号	干支	将軍	事項
1783		癸卯		7. 浅間山大噴火で死者2万人　12. 与謝蕪村没(68)　○冷害で諸国大飢饉
1784		甲辰①		3. 田沼意知江戸城中で殺される　○諸国大飢饉で農村荒廃し米価高騰
1785		乙巳		2. 下総手賀沼干拓着手　8. 老中田沼意次失脚
1786		丙午⑩		5. 米価高騰し江戸・大坂で打ちこわし　7. 寛政改革始まる
1787		丁未		7. 田沼意次没(70) 10. 長谷川平蔵火附盗賊改となる
1788		戊申	家斉	3. 倹約令、三浦梅園没(67)　9. 棄捐令、諸大名に囲米を命ず
1789	寛政元	己酉⑥		2. 人足寄場を設置　11. 江戸で帰村奨励
1790	2	庚戌		
1791	3	辛亥		5. 米価下落　12. 江戸で七分積金を始める
1792	4	壬子②		9. ロシア使節ラクスマン根室に来航　11. 尊号一件
1793	5	癸丑		3. 幕府諸藩に海防を命ずる　7. 松平定信老中辞任
1794	6	甲寅⑪		○米価高騰
1795	7	乙卯		7. 円山応挙没(63)　10. 江戸で女髪結禁止
1796	8	丙辰		12. 伊勢津領の農民3万人峰起
1797	9	丁巳⑦		12. 昌平坂学問所設置
1798	10	戊午		6. 本居宣長「古事記伝」成る
1799	11	己未		○高田屋嘉兵衛エトロフ航路を開く
1800	12	庚申④		4. 伊能忠敬エゾ地を測量　9. 工藤平助没(62)

西暦	年号	干支	天皇	将軍	事　項
1801	享和元2	辛酉	光格	家斉	3. 幕府伊能忠敬に関東沿岸の測量を命ず　9. 本居宣長没(72)
1802	2	壬戌			木村蒹葭堂没(67)　10. 志筑忠雄「暦象新書」成る
1803	3	癸亥①			7. アメリカ船長崎に来航　10. 前野良沢没(81)
1804	文化元2	甲子			9. ロシア使節レザノフ長崎に来航
1805	2	乙丑⑧			6. 幕府関東取締出役を設置　9. 女浄瑠璃禁止
1806	3	丙寅			喜多川歌麿没(54)　○米価下落
1807	4	丁卯			8. 江戸永代橋崩落し死者多数
1808	5	戊辰⑥			8. イギリスのフェートン号長崎に侵入
1809	6	己巳			6. 上田秋成没(76)
1810	7	庚午			2. 幕府相模・安房沿岸に砲台置く
1811	8	辛未②			12. 米価下落、「寛政重修諸家譜」成る
1812	9	壬申			7. 蒲生君平没(46)　12. 尾藤二洲没(69)
1813	10	癸酉⑪			9. 早魃で諸国飢饉
1814	11	甲戌			4. 杉田玄白「蘭学事始」成る
1815	12	乙亥			8. 畿内・東海地方風雨洪水
1816	13	丙子⑧			5〜7. 諸国大旱飢饉　5. 古賀精里没(68)、海保青陵没(63)
1817	14	丁丑			

		仁孝	
1818	文政元[4]	戊寅	4. 伊能忠敬没(74)　10. 司馬江漢没(72)
1819	2	己卯[4]	7. 米価下落
1820	3	庚辰	12. 本多利明没(78)
1821	4	辛巳	7. 伊能忠敬編「大日本沿海輿地図」成る　9. 塙保己一没(76)
1822	5	壬午[1]	3. 上杉鷹山没(72)　8〜10. 西国にコレラ流行
1823	6	癸未	7. 摂河泉の1307か村菜種売買の自由を要求
1824	7	甲申[8]	8. 関東・奥羽に大洪水
1825	8	乙酉	2. 異国船打払い令、雷電為右衛門没(59)
1826	9	丙戌	
1827	10	丁亥[6]	11. 小林一茶没(65)　2. 関東全域に改革組合村の結成を指令
1828	11	戊子	6. 東海・北国・西国大洪水で損害563万石　12. シーボルト事件
1829	12	己丑	2. 高橋景保没(45)
1830	天保元[12]	庚寅[3]	11. 幕府酒造石数3分の1減を命ずる　この年お蔭参り大流行
1831	2	辛卯	8. 十返舎一九没(67)　11. 幕府諸国の石高を調査
1832	3	壬辰[11]	8. 鼠小僧次郎吉処刑　9. 頼山陽没(53)
1833	4	癸巳	この冬から天保10年まで奥羽・関東大飢饉
1834	5	甲午	1. 八戸藩農民強訴　6. 大坂市中打ちこわし
1835	6	乙未[7]	⑦ 狩谷棭斎没(61)　8. 田能村竹田没(59)　9. 天保通宝鋳造

西暦	年号	干支	天皇	将軍	事　項
1836	天保7	丙申	仁孝	家斉	6.江戸市中社会不安　〇大飢饉で奥州の死者10万人に及ぶ
1837	8	丁酉		家慶	6.大塩平八郎の乱　6.モリソン号事件、生田方の乱
1838	9	戊戌④			8.長州藩政改革始まる
1839	10	己亥			5.柴田鳩翁没(57)　12.蛮社の獄
1840	11	庚子			12.倹約令公布、庄内藩領主国替反対一揆おこる
1841	12	辛丑①			5.天保改革始まる　12.株仲間解散令
1842	13	壬寅			7.外国船への新水給与令　10.近江三上山騒動
1843	14	癸卯⑨			9.江戸・大坂10里四方上知令　⑨平田篤胤没(68)
1844	弘化元12	甲辰			7.オランダ軍艦長崎に来り国書を提出し開国をすすめる
1845	2	乙巳			7.イギリス船長崎に来航　9.水野忠邦蟄居
1846	3	丙午⑤	孝明		〇イギリス・フランス・アメリカの軍艦しきりに来航
1847	4	丁未			3.小山田与清没(65)、各地に砲台設置を決定
1848	嘉永元2	戊申			5〜6.東海・畿内大雨
1849	2	己酉④			〇外国船近海に出没
1850	3	庚戌			10.高野長英没(47)
1851	4	辛亥			2.水野忠邦没(58)　3.株仲間再興　6.大坂で施米
1852	5	壬子②			6.帆足万里没(75)　11.銭屋五兵衛没(80)

西暦	和暦	干支	将軍/時代	事項
1853	6	癸丑	家定	6. ペリーのアメリカ艦隊浦賀に来航　7. プチャーチンのロシア艦隊長崎来航
1854	安政元[11]	甲寅[7]		10. 日米和親条約　9. 椿梅山没（54）
1855	2	乙卯		10. 江戸大地震（安政大地震）　〇韮山の反射炉創業
1856	3	丙辰		2. 蕃書調所を設ける　8. アメリカ領事ハリス着任　10. 二宮尊徳没（70）
1857	4	丁巳[5]		10. ハリス将軍に謁見
1858	5	戊午		6. 日米修好通商条約　9. 安政の大獄始まる
1859	6	己未		10. 橋本左内没（26）、吉田松陰没（30）
1860	万延元[3]	庚申[3]		3. 桜田門外の変
1861	文久元[2]	辛酉	家茂	5. 水戸藩士イギリス公使オールコックを襲う
1862	2	壬戌[8]		1. 坂下門外の変　4. 寺田屋騒動　8. 生麦事件
1863	3	癸亥		7. 薩英戦争　8. 公武合体派クーデター　10. 生野の変
1864	元治元[2]	甲子		7. 禁門の変　8. 第1次長州征伐、下関戦争
1865	慶応元[4]	乙丑[5]		4. 長州藩軍制改革
1866	2	丙寅		1. 薩長同盟成る　7. 高島秋帆没（69）
1867	3	丁卯	慶喜	9. 高杉晋作没（29）　10. 大政奉還　11. 坂本龍馬没（33）
1868	明治元[9]	戊辰[4]	明治	1. 鳥羽・伏見の戦い　3. 5カ条の誓文　9. 一世一元の制
1869	2	己巳		6. 版籍奉還
1870	3	庚午[10]		1. 大教宣布

西暦	年号	干支	天皇	事項
1871	明治4	辛未	明治	1. 郵便法施行　5. 新貨条例　7. 廃藩置県　9. 田畑勝手作許可
1872	5	壬申		2. 福沢諭吉「学問のすすめ」成る、土地永代売買解禁　12. 太陽暦採用布告
1873	6	癸酉		1. 徴兵令布告　7. 地租改正条例布告
1874	7	甲戌		2. 佐賀の乱
1875	8	乙亥		5. 千島・樺太交換条約　9. 江華島事件
1876	9	丙子		3. 廃刀令　8. 金禄公債証書発行条例　12. 地租改正反対一揆
1877	10	丁丑		2. 西南戦争始まる　6. 立志社が国会開設建白書提出　9. 西郷隆盛没(51)
1878	11	戊寅		12. 参謀本部設立　○国立銀行開業
1879	12	己卯		4. 琉球藩を廃して沖縄県を置く　9. 教育令制定
1880	13	庚辰		3. 国会期成同盟結成　4. 集会条例制定　11. 官営事業払下概則制定
1881	14	辛巳		5. 小学校教則綱領制定　10. いわゆる明治14年の政変
1882	15	壬午		1. 軍人勅諭発布　6. 日本銀行条例制定　7. 壬午事変
1883	16	癸未		11. 鹿鳴館開館、柏木辛助棄嬰事件
1884	17	甲申		9. 加波山事件　10. 秩父事件
1885	18	乙酉		4. 天津条約調印　12. 太政官制を廃し内閣制度始まる
1886	19	丙戌		4. 学校令公布　5. 教科用図書検定制度を設ける
1887	20	丁亥		4. 鹿鳴館で仮装舞踏会ひらく

1888	21 戊子	4. 市町村制公布　○川上音二郎のオッペケペー節大流行
1889	22 己丑	2. 大日本帝国憲法公布
1890	23 庚寅	1. 富山で米騒動おこる　5. 府県制、郡制公布　10. 教育勅語発布　11. 歌舞伎座開場
1891	24 辛卯	1. 内村鑑三不敬事件　5. 大津事件
1892	25 壬辰	3. 選挙干渉問題で品川内相辞任
1893	26 癸巳	5. 戦時大本営条例公布　7. 御木本幸吉真珠貝の養殖に成功
1894	27 甲午	8. 清国に宣戦布告　8. 北里柴三郎ペスト菌発見　9. 黄海の海戦
1895	28 乙未	4. 日清講和条約調印　8. 台湾総督府条例公布
1896	29 丙申	6. 三陸大津波
1897	30 丁酉	1. 金本位制度実施　9. 北陸・東北に米騒動　○赤痢流行
1898	31 戊戌	6. 隈板内閣成立
1899	32 己亥	7. 日英通商航海条約発効
1900	33 庚子	3. 治安警察法公布　5. 軍部大臣現役武官制確立
1901	34 辛丑	11. 八幡製鉄所開業
1902	35 壬寅	1. 日英同盟協約
1903	36 癸卯	4. 国定教科書制度始まる
1904	37 甲辰	2. 対ロシア宣戦布告　12. 日本軍203高地占領
1905	38 乙巳	3. 奉天会戦　5. 日本海海戦　9. 日ロ講和条約調印

西暦	年号	干支	天皇	事　項
1906	明治39	丙午	明治	6.南満洲鉄道会社設立
1907	40	丁未		1.戦後恐慌始まる　3.義務教育年限を6年とする　10.第1回文展
1908	41	戊申		10.戊申詔書発布
1909	42	己酉		10.伊藤博文ハルビンで暗殺される
1910	43	庚戌		5.大逆事件の検挙始まる　8.韓国併合
1911	44	辛亥		関税自主権確立　南北朝正閏問題おこる　12.東京市電ストライキ
1912	大正元	壬子	大正	1.中華民国成立　4.石川啄木没(27)　7.明治天皇没(61)　8.友愛会創立
1913	2	癸丑		2.桂内閣総辞職(大正政変)　9.岡倉天心没(52)
1914	3	甲寅		1.シーメンス事件　7.第1次世界大戦始まる　8.対ドイツ宣戦布告
1915	4	乙卯		1.対華21箇条要求　8.第1回中学校野球大会開催
1916	5	丙辰		1.大隈首相狙撃さる　12.夏目漱石没(50)
1917	6	丁巳		9.金輸出禁止　11.石井・ランシング協定　88艦隊案公表
1918	7	戊午		8.シベリア出兵、富山県に米騒動おこる　11.ドイツ降伏
1919	8	己未		6.ヴェルサイユ条約調印　○普選運動おこる
1920	9	庚申		2.八幡製鉄ストライキ　5.初のメーデー　10.第一回国勢調査
1921	10	辛酉		11.ワシントン会議、皇太子摂政就任、信濃自由大学創立
1922	11	壬戌		2.九ヵ国条約　7.日本共産党結党、森鷗外没(61)　10.シベリア撤兵

西暦	干支	年号	事項
1923	癸亥	12	9. 関東大震災　12. 皇太子狙撃される(虎ノ門事件)
1924	甲子	13	6. 護憲三派連立内閣成立
1925	乙丑	14	4. 治安維持法公布　5. 普選法公布　7. メートル法実施
1926	丙寅	昭和元12	8. 日本放送協会設立　12. 大正天皇没(47)
1927	丁卯	昭和 2	3. 金融恐慌　5. 山東出兵　7. 芥川龍之介自殺(36)　○岩波文庫発刊
1928	戊辰	3	5. 野口英世没(53)　6. 張作霖爆死　7. 特別高等警察設置
1929	己巳	4	11. 金輪出解禁
1930	庚午	5	4. ロンドン条約調印　11. 浜口首相組撃される
1931	辛未	6	9. 満州事変勃発
1932	壬申	7	1. 上海事変勃発　3. 満洲国建国　5. 5.15事件
1933	癸酉	8	3. 日本国際連盟を脱退　5. 瀧川事件　7. 神兵隊事件
1934	甲戌	9	4. 帝人事件　12. ワシントン条約破棄
1935	乙亥	10	2. 坪内逍遙没(77)　12. 寺田寅彦没(58)　○湯川秀樹中間子理論発表
1936	丙子	11	2.26事件　11. 日独防共協定成立
1937	丁丑	12	7. 盧溝橋事件(日中戦争開始)　11. 日独伊三国防共協定
1938	戊寅	13	5. 国家総動員法施行
1939	己卯	14	5. ノモンハン事件　7. アメリカ日米通商条約廃棄　9. 第2次世界大戦始まる
1940	庚辰	15	9. 日本軍仏印進駐、日独伊三国同盟　10. 大政翼賛会発足　12. 日本軍南京占領

西暦	年号	干支	天皇	事　項
1941	昭和16	辛巳	昭和	4. 国民学校令、日ソ中立条約　12. 日本対米英宣戦布告し太平洋戦争始まる
1942	17	壬午		2. シンガポール占領　6. ミッドウェー海戦
1943	18	癸未		5. アッツ島守備隊全滅　8. 島崎藤村没(72)
1944	19	甲申		8. 学徒勤労令　11. アメリカ空軍の日本本土爆撃始まる
1945	20	乙酉		8. 広島・長崎に原爆投下、日本無条件降伏　12. 総司令部農地解放指令
1946	21	丙戌		1. 天皇人間宣言　11. 日本国憲法公布
1947	22	丁亥		1. 2.1 スト中止命令　4. 6・3制発足　5. 新憲法実施
1948	23	戊子		11. 極東国際軍事裁判判決　12. 経済安定9原則
1949	24	己丑		11. 湯川秀樹ノーベル賞受賞　7. 下山事件・三鷹事件　10. 中華人民共和国成立
1950	25	庚寅		6. 朝鮮戦争勃発　7. 金閣寺全焼
1951	26	辛卯		9. 対日平和条約・日米安全保障条約調印
1952	27	壬辰		5. メーデー流血事件
1953	28	癸巳		2. NHKテレビ放送開始　10. 池田・ロバートソン会議
1954	29	甲午		3. 日米相互防衛援助協定調印　7. 自衛隊発足　9. 青函連絡船の洞爺丸沈没
1955	30	乙未		5. 砂川闘争始まる　8. 原水爆禁止第1回世界大会
1956	31	丙申		10. 日ソ国交回復宣言　12. 日本国際連合に加盟
1957	32	丁酉		8. 在日米軍地上部隊撤退始まる

1958	33	戊戌	10. 日米安保条約改訂交渉始まる
1959	34	己亥	9. 伊勢湾台風により被害甚大 12. 三池争議始まる
1960	35	庚子	5. 安保阻止デモ隊国会を囲み全国的なデモおこる 12. 所得倍増計画決定
1961	36	辛丑	9. 第2室戸台風により被害甚大
1962	37	壬寅	9. 国産第1号原子炉点火
1963	38	癸卯	12. 教科書無償措置法公布
1964	39	甲辰	10. 東海道新幹線開通、東京オリンピック開催
1965	40	乙巳	6. 日韓基本条約調印 12. 日本国連安全保障理事会非常任理事国となる
1966	41	丙午	10. ベトナム反戦ストライキ
1967	42	丁未	10. ベトナム人民支援国際統一行動
1968	43	戊申	6. 学生東大安田講堂占拠、文化庁設置 ○全国で大学紛争
1969	44	己酉	1. 東京大学入試中止
1970	45	庚戌	3. 大阪で万国博覧会開催、よど号事件 11. 三島由紀夫自殺
1971	46	辛亥	6. 沖縄返還協定調印 8. ドルショック
1972	47	壬子	2. 札幌冬季オリンピック 5. 沖縄施政権返還 9. 日中国交正常化共同声明
1973	48	癸丑	8. 金大中氏東京のホテルから誘拐される 10. 石油ショック
1974	49	甲寅	11. 田中首相金脈問題で辞任
1975	50	乙卯	9. 宇宙開発事業団試験衛星きく打上げ成功

西暦	年号	干支	天皇	事 項
1976	昭和51	丙辰	昭和	7. ロッキード事件で田中元首相逮捕
1977	52	丁巳		9. 巨人軍王貞治756号本塁打記録達成
1978	53	戊午		8. 日中平和友好条約調印
1979	54	己未		1. 大安万侶の墓誌出土 7. 朝永振一郎没 (73)
1980	55	庚申		6. 大平首相没 (70) 10. 第13回国勢調査 (人口1億1706万396人)
1981	56	辛酉		6. 放送大学学園法成立 9. 湯川秀樹没 (74) 10. 福井謙一ノーベル賞受賞
1982	57	壬戌		6. 東北新幹線開業 11. 上越新幹線開業
1983	58	癸亥		10. 三宅島大噴火、田中角栄に実刑判決
1984	59	甲子		5. 日本専売公社民営化法成立 12. 電々公社民営化法成立
1985	60	乙丑		5. 男女雇用機会均等法成立 8. 日航機墜落事故 10. 関越自動車道全面開通
1986	61	丙寅		11. 伊豆大島三原山大噴火
1987	62	丁卯		10. 利根川進ノーベル賞受賞
1988	63	戊辰		3. 青函トンネル開通 9. 長屋王邸跡から大量の木簡発掘
1989	平成元1	己巳	平成	1. 昭和天皇没 (87) 6. リクルート事件最終報告 11. 総評解散
1990	2	庚午		1. 長崎市長右翼団体員に狙撃される
1991	3	辛未		4. 牛肉・オレンジの輸入自由化 6. 雲仙普賢岳で大火砕流発生 ○バブル経済崩壊
1992	4	壬申		9. 学校週5日制、PKO協力で自衛隊海外派兵

1993	5	癸酉	8. 自民党結党以来初めて野党になる　9. コメの緊急輸入
1994	6	甲戌	9. 関西国際空港開港、大江健三郎ノーベル文学賞を受賞
1995	7	乙亥	1. 阪神淡路大震災　3. 地下鉄サリン事件
1996	8	丙子	○O-157各地で大流行
1997	9	丁丑	消費税5%スタート　11. 北海道拓殖銀行・山一証券廃業
1998	10	戊寅	2. 長野冬季オリンピック開催　3. 大手銀行に公的資金投入
1999	11	己卯	国旗・国歌法成立　9. 東海村の核燃料施設で事故
2000	12	庚辰	9. 三宅島噴火により島民に避難指示
2001	13	辛巳	○銀行の合併あいつぐ
2002	14	壬午	10. 小柴昌俊・田中耕一ノーベル賞受賞
2003	15	癸未	4. 日本郵政公社発足
2004	16	甲申	○鯉ヘルペスウィルス、新型肺炎流行
2005	17	乙酉	1. 陸上自衛隊イラク派遣　○鳥インフルエンザ流行
2006	18	丙戌	○国産旅客機YS-11引退
2007	19	丁亥	1. 防衛省発足　7. 民主党参議院で過半数を制す　9. 安倍首相辞任
2008	20	戊子	9. 福田首相辞任

干支順位表

きのえね **甲子** コウ(カツ)シ	きのとのうし **乙丑** イツ(オツ)チュウ	ひのえとら **丙寅** ヘイイン	ひのとのう **丁卯** テイボウ	つちのえたつ **戊辰** ボシン
きのえいぬ **甲戌** コウジュツ	きのとのい **乙亥** イツ(オツ)ガイ	ひのえね **丙子** ヘイシ	ひのとのうし **丁丑** テイチュウ	つちのえとら **戊寅** ボイン
きのえさる **甲申** コウシン	きのとのとり **乙酉** イツ(オツ)ユウ	ひのえいぬ **丙戌** ヘイジュツ	ひのとのい **丁亥** テイガイ	つちのえね **戊子** ボシ
きのえうま **甲午** コウゴ	きのとのひつじ **乙未** イツ(オツ)ビ	ひのえさる **丙申** ヘイシン	ひのとのとり **丁酉** テイユウ	つちのえいぬ **戊戌** ボジュツ
きのえたつ **甲辰** コウシン	きのとのみ **乙巳** イツ(オツ)シ	ひのえうま **丙午** ヘイゴ	ひのとのひつじ **丁未** テイビ	つちのえさる **戊申** ボシン
きのえとら **甲寅** コウイン	きのとのう **乙卯** イツ(オツ)ボウ	ひのえたつ **丙辰** ヘイシン	ひのとのみ **丁巳** テイシ	つちのえうま **戊午** ボゴ

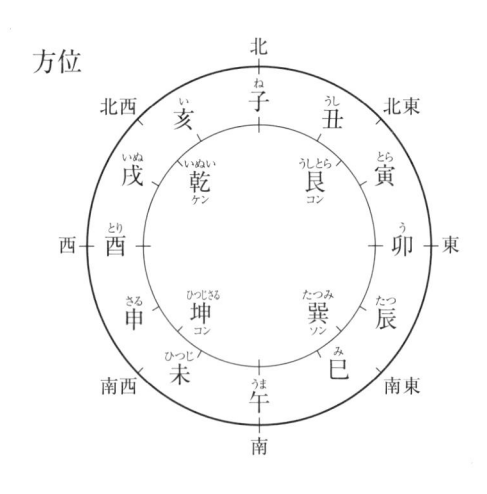

方位

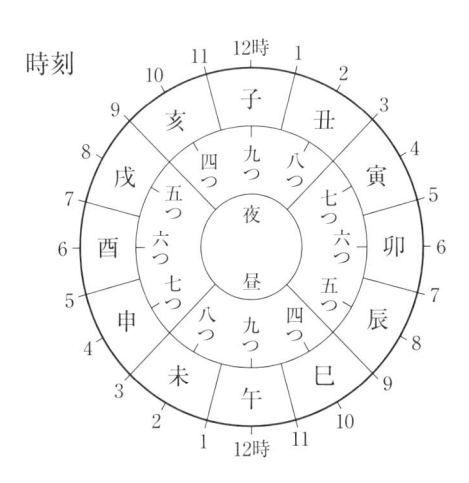

つちのとのみ 己巳 キシ	かのえうま 庚午 コウゴ	かのとのひつじ 辛未 シンビ	みずのえさる 壬申 ジンシン	みずのとのとり 癸酉 キユウ
つちのとのう 己卯 キボウ	かのえたつ 庚辰 コウシン	かのとのみ 辛巳 シンシ	みずのえうま 壬午 ジンゴ	みずのとのひつじ 癸未 キビ
つちのとのうし 己丑 キチュウ	かのえとら 庚寅 コウイン	かのとのう 辛卯 シンボウ	みずのえたつ 壬辰 ジンシン	みずのとのみ 癸巳 キシ
つちのとのい 己亥 キガイ	かのえね 庚子 コウシ	かのとのうし 辛丑 シンチュウ	みずのえとら 壬寅 ジンイン	みずのとのう 癸卯 キボウ
つちのとのとり 己酉 キユウ	かのえいぬ 庚戌 コウジュツ	かのとのい 辛亥 シンガイ	みずのえね 壬子 ジンシ	みずのとのうし 癸丑 キチュウ
つちのとのひつじ 己未 キビ	かのえさる 庚申 コウシン	かのとのとり 辛酉 シンユウ	みずのえいぬ 壬戌 ジンジュツ	みずのとのい 癸亥 キガイ

時刻

歴代天皇一覧

1 神武	34 舒明	67 三条	崇光（北朝）
2 綏靖	35 皇極	68 後一条	後光厳（北朝）
3 安寧	36 孝徳	69 後朱雀	98 長慶
4 懿徳	37 斉明	70 後冷泉	後円融（北朝）
5 孝昭	38 天智	71 後三条	99 後亀山
6 孝安	39 弘文	72 白河	100 後小松
7 孝霊	40 天武	73 堀河	101 称光
8 孝元	41 持統	74 鳥羽	102 後花園
9 開化	42 文武	75 崇徳	103 後土御門
10 崇神	43 元明	76 近衛	104 後柏原
11 垂仁	44 元正	77 後白河	105 後奈良
12 景行	45 聖武	78 二条	106 正親町
13 成務	46 孝謙	79 六条	107 後陽成
14 仲哀	47 淳仁	80 高倉	108 後水尾
15 応神	48 称徳	81 安徳	109 明正
16 仁徳	49 光仁	82 後鳥羽	110 後光明
17 履中	50 桓武	83 土御門	111 後西
18 反正	51 平城	84 順徳	112 霊元
19 允恭	52 嵯峨	85 仲恭	113 東山
20 安康	53 淳和	86 後堀河	114 中御門
21 雄略	54 仁明	87 四条	115 桜町
22 清寧	55 文徳	88 後嵯峨	116 桃園
23 顕宗	56 清和	89 後深草	117 後桜町
24 仁賢	57 陽成	90 亀山	118 後桃園
25 武烈	58 光孝	91 後宇多	119 光格
26 継体	59 宇多	92 伏見	120 仁孝
27 安閑	60 醍醐	93 後伏見	121 孝明
28 宣化	61 朱雀	94 後二条	122 明治
29 欽明	62 村上	95 花園	123 大正
30 敏達	63 冷泉	96 後醍醐	124 昭和
31 用明	64 円融	光厳（北朝）	
32 崇峻	65 花山	光明（北朝）	
33 推古	66 一条	97 後村上	

明治以降首相一覧

氏　名	在職期間
伊藤博文①	1885（明治18）12.22 － 1888（明治21）4.30
黒田清隆	1888（明治21）4.30 － 1889（明治22）10.25
三條實美（兼）	1889（明治22）10.25 － 1889（明治22）12.24
山縣有朋①	1889（明治22）12.24 － 1891（明治24）5.6
松方正義①	1891（明治24）5.6 － 1892（明治25）8.8
伊藤博文②	1892（明治25）8.8 － 1896（明治29）8.31
黒田清隆（臨兼）	1896（明治29）8.31 － 1896（明治29）9.18
松方正義②	1896（明治29）9.18 － 1898（明治31）1.12
伊藤博文③	1898（明治31）1.12 － 1898（明治31）6.30
大隈重信①	1898（明治31）6.30 － 1898（明治31）11.8
山縣有朋②	1898（明治31）11.8 － 1900（明治33）10.19
伊藤博文④	1900（明治33）10.19 － 1901（明治34）5.10
西園寺公望（臨兼）	1901（明治34）5.10 － 1901（明治34）6.2
桂　太郎①	1901（明治34）6.2 － 1906（明治39）1.7
西園寺公望①	1906（明治39）1.7 － 1908（明治41）7.14
桂　太郎②	1908（明治41）7.14 － 1911（明治44）8.30
西園寺公望②	1911（明治44）8.30 － 1912（大正元）12.21
桂　太郎③	1912（大正元）12.21 － 1913（大正2）2.20
山本權兵衞①	1913（大正2）2.2 － 1914（大正3）4.16
大隈重信②	1914（大正3）4.16 － 1916（大正5）10.9
寺内正毅	1916（大正5）10.9 － 1918（大正7）9.29
原　　敬	1918（大正7）9.29 － 1921（大正10）11.4
内田康哉（臨兼）	1921（大正10）11.4 － 1921（大正10）11.13
高橋是清	1921（大正10）11.13 － 1922（大正11）6.12
加藤友三郎	1922（大正11）6.12 － 1923（大正12）8.24
内田康哉（臨兼）	1923（大正12）8.25 － 1923（大正12）9.2
山本權兵衞②	1923（大正12）9.2 － 1924（大正13）1.7

清浦奎吾	1924（大正13） 1.7 － 1924（大正13） 6.11
加藤高明	1924（大正13） 6.11 － 1926（大正15） 1.28
若槻禮次郎（臨兼）	1926（大正15） 1.28 － 1926（大正15） 1.30
若槻禮次郎①	1926（大正15） 1.30 － 1927（昭和2） 4.20
田中義一	1927（昭和2） 4.2 － 1929（昭和4） 7.2
濱口雄幸	1929（昭和4） 7.2 － 1931（昭和6） 4.14
幣原喜重郎（臨代）	1930（昭和5） 11 － 1930（昭和5） 11
若槻禮次郎②	1931（昭和6） 4.14 － 1931（昭和6） 12.13
犬養　毅	1931（昭和6） 12.13 － 1932（昭和7） 5.16
高橋是清（臨兼）	1932（昭和7） 5.16 － 1932（昭和7） 5.26
齋藤　實	1932（昭和7） 5.26 － 1934（昭和9） 7.8
岡田啓介	1934（昭和9） 7.8 － 1936（昭和11） 3.9
廣田弘毅	1936（昭和11） 3.9 － 1937（昭和12） 2.2
林　銑十郎	1937（昭和12） 2.2 － 1937（昭和12） 6.4
近衞文麿①	1937（昭和12） 6.4 － 1939（昭和14） 1.5
平沼騏一郎	1939（昭和14） 1.5 － 1939（昭和14） 8.30
阿部信行	1939（昭和14） 8.30 － 1940（昭和15） 1.16
米内光政	1940（昭和15） 1.16 － 1940（昭和15） 7.22
近衞文麿②	1940（昭和15） 7.22 － 1941（昭和16） 7.18
近衞文麿③	1941（昭和16） 7.18 － 1941（昭和16） 10.18
東條英機	1941（昭和16） 10.18 － 1944（昭和19） 7.22
小磯國昭	1944（昭和19） 7.22 － 1945（昭和20） 4.7
鈴木貫太郎	1945（昭和20） 4.7 － 1945（昭和20） 8.17
東久邇宮稔彦王	1945（昭和20） 8.17 － 1945（昭和20） 10.9
幣原喜重郎	1945（昭和20） 10.9 － 1946（昭和21） 5.22
吉田　茂①	1946（昭和21） 5.22 － 1947（昭和22） 5.24
片山　哲	1947（昭和22） 5.24 － 1948（昭和23） 3.10
芦田　均	1948（昭和23） 3.10 － 1948（昭和23） 10.15
吉田　茂②	1948（昭和23） 10.15 － 1949（昭和24） 2.16
吉田　茂③	1949（昭和24） 2.16 － 1952（昭和27） 10.30

吉田　茂④	1952（昭和27）10.30　－1953（昭和28）5.21
吉田　茂⑤	1953（昭和28）5.21　－1954（昭和29）12.10
鳩山一郎①	1954（昭和29）12.10　－1955（昭和30）3.19
鳩山一郎②	1955（昭和30）3.19　－1955（昭和30）11.22
鳩山一郎③	1955（昭和30）11.22　－1956（昭和31）12.23
石橋湛山	1956（昭和31）12.23　－1957（昭和32）2.25
岸　信介①	1957（昭和32）2.25　－1958（昭和33）6.12
岸　信介②	1958（昭和33）6.12　－1960（昭和35）7.19
池田勇人①	1960（昭和35）7.19　－1960（昭和35）12.8
池田勇人②	1960（昭和35）12.8　－1963（昭和38）12.9
池田勇人③	1963（昭和38）12.9　－1964（昭和39）11.9
佐藤榮作①	1964（昭和39）11.9　－1967（昭和42）2.17
佐藤榮作②	1967（昭和42）2.17　－1970（昭和45）1.14
佐藤榮作③	1970（昭和45）1.14　－1972（昭和47）7.7
田中角榮①	1972（昭和47）7.7　－1972（昭和47）12.22
田中角榮②	1972（昭和47）12.22　－1974（昭和49）12.9
三木武夫	1974（昭和49）12.9　－1976（昭和51）12.24
福田赳夫	1976（昭和51）12.24　－1978（昭和53）12.7
大平正芳①	1978（昭和53）12.7　－1979（昭和54）11.9
大平正芳②	1979（昭和54）11.9　－1980（昭和55）6.12
伊東正義（臨代）	1980（昭和55）6.12　－1980（昭和55）7.17
鈴木善幸	1980（昭和55）7.17　－1982（昭和57）11.27
中曽根康弘①	1982（昭和57）11.27　－1983（昭和58）12.27
中曽根康弘②	1983（昭和58）12.27　－1986（昭和61）7.22
中曽根康弘③	1986（昭和61）7.22　－1987（昭和62）11.6
竹下　登	1987（昭和62）11.6　－1989（平成元）6.3
宇野宗佑	1989（平成元）6.3　－1989（平成元）8.10
海部俊樹①	1989（平成元）8.1　－1990（平成2）2.28
海部俊樹②	1990（平成2）2.28　－1991（平成3）11.5
宮澤喜一	1991（平成3）11.5　－1993（平成5）8.9

細川護熙	1993（平成5）8.9	－1994（平成6）4.28
羽田　孜	1994（平成6）4.28	－1994（平成6）6.30
村山富市	1994（平成6）6.3	－1996（平成8）1.11
橋本龍太郎①	1996（平成8）1.11	－1996（平成8）11.7
橋本龍太郎②	1996（平成8）11.7	－1998（平成10）7.30
小渕恵三	1998（平成10）7.30	－2000（平成12）4.4
青木幹雄（臨代）	2000（平成12）4.3	－2000（平成12）4.5
森　喜朗①	2000（平成12）4.5	－2000（平成12）7.4
森　喜朗②	2000（平成12）7.4	－2001（平成13）4.26
小泉純一郎①	2001（平成13）4.26	－2003（平成15）11.19
小泉純一郎②	2003（平成15）11.19	－2005（平成17）9.21
小泉純一郎③	2005（平成17）9.21	－2006（平成18）9.26
安倍晋三	2006（平成18）9.26	－2007（平成19）9.26
福田康夫	2007（平成19）9.26	－

＊○囲み数字は内閣（任命組閣）の次数を示す。
　（兼）は兼任、（臨兼）は臨時兼任、（臨代）は臨時代理を示す。

第2部　年号編

年号とは何か

　年号は元号ともいう。ある期間の年数の上につける名称で、中国の前漢武帝の建元元年（紀元前140年）に始まるという。この制度は日本や朝鮮・ベトナムにも採用された。日本では大化（西暦645）で始用され、のち『大宝令』『養老令』の儀制令では「凡そ公文に年記すべくは、皆年号を用ゐよ」と定められた。『大宝令』の注釈書である「古記」は「謂大宝記而辛丑不注之類也」と説く。年号を注し干支には拠らないというのである（『令集解』）。

改元の理由

　年号（元号）は種々の理由で改められた。天皇一代の間に複数の年号を持つことは珍しくなく、ひとつの年号の継続年数の１年未満のものは13あり、２年以上３年未満が47で最も多い。最も長いのは昭和で64年、ついで明治が45年である（ただし明治以降は一世一元制〈後述〉にもとづくものであって、それ以前の年号の例と比較するのは妥当ではない）。

　年号を改める（改元）理由にはふつう次の五つが挙げられる。

①代始

天皇の代がわりの時に改元する。代がわりの年の内に改元のなかった天皇は19人あるが、踰年改元と称して、前天皇の定めた年号を新天皇は直ちに改めないという思想にもとづいて翌年改元する慣いもあった。

②辛酉革命

辛酉の年には「天命革まる」、すなわち世に変革が起こるという思想にもとづくもので、三善清行が昌泰

4年（901）は辛酉の年に当たり、改元の必要があると進言したのに始まるという。永禄4年（1561）と元和7年（1621）を除いて辛酉改元が実施された。

③甲子革令

甲子の年には変事が起こるとされる。康保1年（964）以後、永禄7年（1564）を除く各年に改元があった。

④祥瑞改元

白雉・瑞亀を献じたり、瑞雲が出現したり、めでたいしるしがあらわれると、これを記念して改元した。君徳が天地鬼神を感動させて祥瑞があらわれると考えられていたのである。

⑤災禍厭勝

天変地妖、悪疫流行、大火や飢饉などの災禍をおさえるために改元する。

改元の手続き

改元は天皇の権限に属する。まず勅命があって、これを受けて大臣らが、しかるべき人物に年号案を勘申させる。勘文の奏進者は文学を掌る家筋の者で、藤原氏・菅原氏・大江氏などである。勘申は、中国の古典にもとづいて二文字から成る佳字を撰んだもので、大臣以下参議らの議政官が審議する。年号案に対して非難（難）や弁護（陳）が行われ（「難陳」という）その結果候補が決まると奏上され、裁可を経て詔書を以て公布される。

一世一元の制

慶応4年（1868）8月27日明治天皇が即位し、同9月8日に明治と改元、一世一元の制、すなわち、天皇一代の間は一年号とする制が採用された。以後、大正・昭和・平成と続くのである。

私年号
しねんごう

朝廷が定めたものではない年号のことで、異年号・偽年号・僭年号・逸年号とも呼ぶ。現在までに公年号以外の年号とされるものは40以上あるが、誤記・誤読によるものや、後世の者が前代に仮託して用いたものなども含まれる。とくに古代の私年号は後者のものがあると思われる。

私年号一覧

名称	元年相当公年号	西暦	典拠・その他
法興	崇峻天皇4年	591年	「釈日本紀」等
白鳳	白雉1年	650年	「続日本紀」「古語拾遺」等
朱雀	朱鳥1年	686年	「続日本紀」
保寿	仁安頃	1166年頃	奈良県五条市御霊神社神像銘
泰平	承安2年	1172年	「百練抄」
和勝	建久1年	1190年	高野山文書
迎雲	建久1年以前	1190年以前	法隆寺文書
建教	元仁2年	1225年	宗性「季御読経番論議問答記」
永福	永仁5年か	1297年か	武蔵国　清光寺板碑
正久	元応1年	1319年	武蔵国　西光廃寺板碑
白鹿	貞和1年（興国6年）	1345年	「得江文書」、龍安寺蔵「太平記」
応治	貞和1年	1345年	大阪府泉大津市細見実蔵懸仏銘
品暦	正平以前	1346年以前	阿蘇文書
至大	永和又は至徳年間	14世紀後半	東京武蔵野郷土館蔵板碑
弘徳	至徳1年	1384年	奈良市十六所神社棟木銘
永宝	嘉慶2年	1388年	奈良県観音寺蔵「大般若経」奥書
元真	南北朝時代中期	14世紀	埼玉県小川町板碑
真賀	同上	同上	日光輪王寺経蔵「眷属妙義」奥書
興徳	応永2年	1395年	河内長野市観音堂蔵「大般若経」奥書
天靖	嘉吉3年	1443年	「武家功名記」
享高	享徳1年	1452年	山本達雄蔵山水画
享正	享徳3年	1454年	埼玉県玉川村板碑
延徳	寛正1年又は2年	1460年又は'61年	香取文書
永楽	寛正2年	1461年	高野山宝亀院蔵「大日経疏二末抄」奥書

正亨	延徳1年	1489年	「甲斐国妙法寺記」
福徳	延徳1年～4年	1489～92年	香取文書
王徳	延徳～大永	15～16世紀	日光輪王寺経蔵「韻鏡指南」
永伝	延徳2年	1490年	入来院文書
徳応	文亀1年	1501年	東京都中野区文化センター板碑
子平	文亀2年	1502年	熊本県植木町宝篋印塔銘
弥勒	永正3年又は4年	1506年 1507年	香取文書
加平	永正14年	1517年	阿蘇文書
永喜	大永6年	1526年	香取文書
宝寿	天文2年	1533年	長野県八千穂村出土経筒銘
命禄	天文9年	1540年	本土寺過去帳
光永	天正4年、8年、17年	1576年他	熊本市上野家蔵板碑
大道	慶長14年頃	1609年頃	新編会津風土記ほか
正中	元和7年	1621年	『静岡県の歴史』
神治	慶応2年	1866年	人吉市行者堂補修銘
延寿	明治元年	1868年	中外新聞

(『国史大辞典7』「私年号」の項に拠る)

参考文献

森本角蔵『日本年號大觀』目黒書店・1933年

山田孝雄『年号読方考証稿』宝文館出版・1950年

所　功『年号の歴史〈増補版〉』雄山閣出版・1989年

米田雄介『歴代天皇・年号事典』吉川弘文館・2003年

年号一覧（五十音順）

あ 行

安永	あんえい (1772-81)	155
安元	あんげん (1175-77)	127
安政	あんせい (1854-60)	157
安貞	あんてい (1227-29)	132
安和	あんな (968-70)	113
永延	えいえん (987-89)	115
永観	えいかん (983-85)	114
永久	えいきゅう (1113-18)	122
永享	えいきょう (1429-41)	145
永治	えいじ (1141-42)	124
永承	えいしょう (1046-53)	118
永正	えいしょう (1504-21)	148
永祚	えいそ (989-90)	115
永長	えいちょう (1096-97)	121
永徳	えいとく (1381-84) 北	143
永仁	えいにん (1293-99)	136
永保	えいほう (1081-84)	120
永万	えいまん (1165-66)	126
永暦	えいりゃく (1160-61)	126
永禄	えいろく (1558-70)	149
永和	えいわ (1375-79) 北	143
延応	えんおう (1239-40)	133
延喜	えんぎ (901-23)	111
延久	えんきゅう (1069-74)	119
延慶	えんきょう (1308-11)	137
延享	えんきょう (1744-48)	154
延元	えんげん (1336-40) 南	140
延長	えんちょう (923-31)	112
延徳	えんとく (1489-92)	147
延文	えんぶん (1356-61) 北	141
延宝	えんぽう (1673-81)	152
延暦	えんりゃく (782-806)	109
応安	おうあん (1368-75) 北	142
応永	おうえい (1394-1428)	144
応長	おうちょう (1311-12)	137
応徳	おうとく (1084-87)	120
応仁	おうにん (1467-69)	146
応保	おうほう (1161-63)	126
応和	おうわ (961-64)	113

か 行

嘉永	かえい (1848-54)	157
嘉応	かおう (1169-71)	127
嘉吉	かきつ (1441-44)	145
嘉慶	かきょう (1387-89) 北	144
嘉元	かげん (1303-06)	137
嘉祥	かしょう (848-51)	110
嘉承	かしょう (1106-08)	122
嘉禎	かてい (1235-38)	133
嘉保	かほう (1094-96)	120
嘉暦	かりゃく (1326-29)	139
嘉禄	かろく (1225-27)	131
寛永	かんえい (1624-44)	150
寛延	かんえん (1748-51)	154
寛喜	かんぎ (1229-32)	132
元慶	がんぎょう (877-85)	111
寛元	かんげん (1243-47)	134
寛弘	かんこう (1004-12)	116
寛治	かんじ (1087-94)	120
寛正	かんしょう (1460-66)	146
寛政	かんせい (1789-1801)	155
寛徳	かんとく (1044-46)	118
寛和	かんな (985-87)	115
寛仁	かんにん (1017-21)	116
観応	かんのう (1350-52) 北	141
寛平	かんぴょう (889-98)	111
寛文	かんぶん (1661-73)	152
寛保	かんぽう (1741-44)	154
久安	きゅうあん (1145-51)	125
久寿	きゅうじゅ (1154-56)	125
享徳	きょうとく (1452-55)	145
享保	きょうほう (1716-36)	154
享禄	きょうろく (1528-32)	148
享和	きょうわ (1801-04)	156
慶安	けいあん (1648-52)	151
慶雲	けいうん (704-08)	105
慶応	けいおう (1865-68)	158
慶長	けいちょう (1596-1615)	
		150
建永	けんえい (1206-07)	130
元永	げんえい (1118-20)	122

元応	げんおう (1319-21)	138
元亀	げんき (1570-73)	149
建久	けんきゅう (1190-99)	129
元久	げんきゅう (1204-06)	129
乾元	けんげん (1302-03)	137
元亨	げんこう (1321-24)	138
元弘	げんこう (1331-34)南	139
建治	けんじ (1275-78)	135
元治	げんじ (1864-65)	158
元中	げんちゅう (1384-92)南	143
建長	けんちょう (1249-56)	134
建徳	けんとく (1370-72)南	142
元徳	げんとく (1329-31)	139
元和	げんな (1615-24)	150
建仁	けんにん (1201-04)	129
元仁	げんにん (1224-25)	131
元文	げんぶん (1736-41)	154
建保	けんぽう (1213-19)	130
建武	けんむ (1334-36)	140
建暦	けんりゃく (1211-13)	130
元暦	げんりゃく (1184-85)	128
元禄	げんろく (1688-1704)	153
弘安	こうあん (1278-88)	136
康安	こうあん (1361-62)北	141
康永	こうえい (1342-45)北	140
康応	こうおう (1389-90)北	144
弘化	こうか (1844-48)	157
康元	こうげん (1256-57)	134
興国	こうこく (1340-46)南	140
康治	こうじ (1142-44)	124
弘治	こうじ (1555-58)	149
康正	こうしょう (1455-57)	146
弘長	こうちょう (1261-64)	135
弘仁	こうにん (810-24)	109
康平	こうへい (1058-65)	119
康保	こうほ (964-68)	113
康暦	こうりゃく (1379-81)北	143
康和	こうわ (1099-1104)	121
弘和	こうわ (1381-84)南	142

さ 行

斉衡	さいこう (854-57)	110
至徳	しとく (1384-87)北	143
寿永	じゅえい (1182-84)	128
朱鳥	しゅちょう (686)	105
正安	しょうあん (1299-1302)	136
承安	じょうあん (1171-75)	127
貞永	じょうえい (1232-33)	132
正応	しょうおう (1288-93)	136
貞応	じょうおう (1222-24)	131
承応	じょうおう (1652-55)	151
正嘉	しょうか (1257-59)	134
貞観	じょうがん (859-77)	110
承久	じょうきゅう (1219-22)	131
正慶	しょうきょう (1332-33)北	139
貞享	じょうきょう (1684-88)	153
正元	しょうげん (1259-60)	135
貞元	じょうげん (976-78)	114
承元	じょうげん (1207-11)	130
正治	しょうじ (1199-1201)	129
貞治	じょうじ (1362-68)北	142
昌泰	しょうたい (898-901)	111
正中	しょうちゅう (1324-26)	138
正長	しょうちょう (1428-29)	144
正徳	しょうとく (1711-16)	153
承徳	じょうとく (1097-99)	121
正平	しょうへい (1346-70)南	141
承平	じょうへい (931-38)	112
承保	じょうほう (1074-77)	119
正保	しょうほう (1644-48)	151
正暦	しょうりゃく (990-95)	115
承暦	じょうりゃく (1077-81)	119
正和	しょうわ (1312-17)	138
昭和	しょうわ (1926-89)	158
承和	じょうわ (834-48)	109

貞和	じょうわ (1345-50) 北	140
神亀	じんき (724-29)	106
神護景雲	じんごけいうん (767-70)	108

た 行

大永	だいえい (1521-28)	148
大化	たいか (645-50)	105
大治	だいじ (1126-31)	123
大正	たいしょう (1912-26)	158
大同	だいどう (806-10)	109
大宝	たいほう (701-04)	105
治安	ちあん (1021-24)	117
治承	ちしょう (1177-81)	127
長寛	ちょうかん (1163-65)	126
長久	ちょうきゅう (1040-44)	118
長享	ちょうきょう (1487-89)	147
長元	ちょうげん (1028-37)	117
長治	ちょうじ (1104-06)	121
長承	ちょうしょう (1132-35)	123
長徳	ちょうとく (995-99)	115
長保	ちょうほう (999-1004)	116
長暦	ちょうりゃく (1037-40)	117
長禄	ちょうろく (1457-60)	146
長和	ちょうわ (1012-17)	116
治暦	ちりゃく (1065-69)	119
天安	てんあん (857-59)	110
天永	てんえい (1110-13)	122
天延	てんえん (973-76)	114
天応	てんおう (781-82)	108
天喜	てんき (1053-58)	118
天慶	てんぎょう (938-47)	112
天元	てんげん (978-83)	114
天治	てんじ (1124-26)	123
天授	てんじゅ (1375-81) 南	142
天承	てんしょう (1131-32)	123
天正	てんしょう (1573-92)	149
天長	てんちょう (824-34)	109
天徳	てんとく (957-61)	113
天和	てんな (1681-84)	152
天仁	てんにん (1108-10)	122
天平	てんぴょう (729-49)	107
天平感宝	てんぴょうかんぽう (749)	107
天平勝宝	てんぴょうしょうほう (749-57)	107
天平神護	てんぴょうじんご (765-67)	108
天平宝字	てんぴょうほうじ (757-65)	107
天福	てんぷく (1233-34)	132
天文	てんぶん (1532-55)	149
天保	てんぽう (1830-44)	156
天明	てんめい (1781-89)	155
天養	てんよう (1144-45)	124
天暦	てんりゃく (947-57)	113
天禄	てんろく (970-73)	114
徳治	とくじ (1306-08)	137

な 行

仁安	にんあん (1166-69)	127
仁治	にんじ (1240-43)	133
仁寿	にんじゅ (851-54)	110
仁和	にんな (885-89)	111
仁平	にんぺい (1151-54)	125

は 行

白雉	はくち (650-54)	105
文安	ぶんあん (1444-49)	145
文永	ぶんえい (1264-75)	135
文応	ぶんおう (1260-61)	135
文化	ぶんか (1804-18)	156
文亀	ぶんき (1501-04)	148
文久	ぶんきゅう (1861-64)	157
文治	ぶんじ (1185-90)	128
文正	ぶんしょう (1466-67)	146
文政	ぶんせい (1818-30)	156
文中	ぶんちゅう (1372-75) 南	142
文保	ぶんぽう (1317-19)	138
文明	ぶんめい (1469-87)	147
文暦	ぶんりゃく (1234-35)	132

文禄	ぶんろく(1592-96)	150
文和	ぶんわ(1352-56)北	141
平治	へいじ(1159-60)	125
平成	へいせい(1989-)	159
保安	ほうあん(1120-24)	123
宝永	ほうえい(1704-11)	153
宝亀	ほうき(770-81)	108
宝治	ほうじ(1247-49)	134
宝徳	ほうとく(1449-52)	145
宝暦	ほうりゃく(1751-64)	155
保延	ほえん(1135-41)	124
保元	ほげん(1156-59)	125

ま 行

万延	まんえん(1860-61)	157
万治	まんじ(1658-61)	152
万寿	まんじゅ(1024-28)	117
明応	めいおう(1492-1501)	147
明治	めいじ(1868-1912)	158
明徳	めいとく(1390-94)北	144
明暦	めいれき(1655-58)	151
明和	めいわ(1764-72)	155

や〜わ 行

養老	ようろう(717-24)	106
養和	ようわ(1181-82)	128
暦応	りゃくおう(1338-42)北	140
暦仁	りゃくにん(1238-39)	133
霊亀	れいき(715-17)	106
和銅	わどう(708-15)	106

時代順年号および略解

江戸時代 →

慶長　元和　寛永　正保　慶安　承応　明暦　万治　寛文　延宝　天和　貞享　元禄　宝永　正徳　享保　元文　寛保　延享　寛延　宝暦　明和　安永　天明　寛政　享和　文化　文政　天保　弘化　嘉永　安政　万延　文久　元治　慶応　明治　大正　昭和　平成

室町時代 →

建武　延元　興国　正平　建徳　文中　天授　弘和　元中　暦応　康永　貞和　観応　文和　延文　康安　貞治　応安　永和　康暦　永徳　至徳　嘉慶　康応　明徳　応永　正長　永享　嘉吉　文安　宝徳　享徳　康正　長禄　寛正　文正　応仁　文明　長享　延徳　明応　文亀　永正　大永　享禄　天文　弘治　永禄　元亀

鎌倉時代 →

建久　正治　建仁　元久　建永　承元　建暦　建保　承久　貞応　元仁　嘉禄　安貞　寛喜　貞永　天福　文暦　嘉禎　暦仁　延応　仁治　寛元　宝治　建長　康元　正嘉　正元　文応　弘長　文永　建治　弘安　正応　永仁　正安　乾元　嘉元　徳治　延慶　応長　正和　文保　元応　元亨　正中　嘉暦　元徳　元弘

平安時代 →

延暦　大同　弘仁　天長　承和　嘉祥　仁寿　斉衡　天安　貞観　元慶　仁和　寛平　昌泰　延喜　延長　承平　天慶　天暦　天徳　応和　康保　安和　天禄　天延　貞元　天元　永観　寛和　永延　永祚　正暦　長徳　長保　寛弘　長和　寛仁　治安　万寿　長元　長暦　長久　寛徳　永承　天喜　康平　治暦　延久　承保　承暦　永保　応徳　寛治　嘉保　永長　承徳　康和　長治　嘉承　天仁　天永　永久　元永　保安　天治　大治　天承　長承　保延　永治　康治　天養　久安　仁平　久寿　保元　平治　永暦　応保　長寛　永万　仁安　嘉応　承安　安元　治承　養和　寿永

奈良時代 →

大化　白雉　朱鳥　大宝　慶雲　和銅　霊亀　養老　神亀　天平　天平感宝　天平勝宝　天平宝字　天平神護　神護景雲　宝亀　天応

（略解）

大　化（たいか）
　孝徳天皇の時の年号（645-50）。皇極天皇4年6月19日建元。勘文は現存しないが、出典は『尚書』大誥篇の「肆予大化誘我友邦君」という。『日本書紀』によると年号の最初。大化2年に改新の詔発布。いわゆる大化の改新の始まりである。

白　雉（はくち）
　孝徳天皇の時の年号（650-54）。大化6年2月15日改元。2月9日穴戸（長門）国司が白雉を献上したのについて、これを吉祥として改元。わが国初の祥瑞改元。ただし一般には普及せず、天皇の崩御とともに用いられなくなった。

朱　鳥（しゅちょう）
　天武天皇の時の年号（686）。天武天皇15年7月20日改元。「ずちょう」「あかみどり」の訓もある。のちの『扶桑略記』には大倭国が赤雉を献上したことによると記す。
　1年10月大津皇子が謀叛のかどで捕らえられ自害した。

大　宝（たいほう）
　文武天皇の時の年号（701-04）。文武天皇5年3月21日改元。「だいほう」の訓もある。対馬島が金を貢進したのによる。中国の梁の簡文帝の時（550-551）同じ名の年号がある。4年5月10日に慶雲と改元。
　1年8月大宝律令が完成し翌年頒布。3年1月刑部親王が知太政官事に任命された。

慶　雲（けいうん）
　文武天皇、元明天皇の時の年号（704-08）。「きょうう

ん」の訓もある。大宝 4 年 5 月10日改元。備前国が神馬を貢進し、西楼上に慶雲が出現したことによる改元。5 年 1 月11日和銅と改元。

2 年飢饉、疾病の流行20か国に及ぶ。

和 銅（わどう）

元明天皇の時の年号（708-15）。慶雲 5 年 1 月11日改元。武蔵国秩父郡から和銅が献上されたことによる。8 年 9 月 2 日霊亀と改元。

1 年和同開珎を鋳造。3 年 3 月平城京に遷都。6 年 5 月諸国に『風土記』の編纂を命じた。

霊 亀（れいき）

元正天皇の時の年号（715-17）。和銅 8 年 9 月 2 日改元。左京職が瑞亀を献上したことによる祥瑞改元。3 年11月17日養老と改元。

1 年里を郷と改めた。2 年 4 月河内国の 3 郡を分割して和泉監を置いた。

養 老（ようろう）

元正天皇の時の年号（717-24）。霊亀 3 年11月17日改元。天皇の美濃国の不破行宮滞在中に用いた当耆郡多度山の泉が大瑞にかなうとされたことによる。8 年 2 月 4 日神亀と改元。

5 年 1 月長屋王が右大臣となる。同年 8 月興福寺北円堂が建立された。6 年 4 月百万町歩開墾計画を定め、7 年 4 月三世一身の法を定めた。

神 亀（じんき）

聖武天皇の時の年号（724-29）。養老 8 年 2 月 4 日改元。同 7 年10月13日、左京の人紀朝臣家稗が長さ 1 寸半、広さ 1 寸の小さな白亀を献じ、加えて豊作であったことから、翌年即位とともに改元した。6 年 8 月 5 日に天平と改元した。

1年陸奥国多賀城が築かれた。6年2月長屋王が謀叛の密告により糾問され自殺した。

天平（てんぴょう）

聖武天皇の時の年号（729-49）。神亀6年8月5日改元。同年6月20日に左京職が長さ5寸3分、広さ4寸5分で背に「天王貴平知百年」の文のある亀を献じた祥瑞による。21年4月14日に天平感宝と改元。奈良時代の文化を天平文化と称するように、聖武天皇の時代はその最盛期であったとする認識がある。

12年9月藤原広嗣の反乱が起こり、同年12月都を恭仁京、14年12月紫香楽宮に遷し、政情不安の様相を示している。19年には大飢饉が諸国を襲った。

天平感宝（てんぴょうかんぽう）

聖武天皇の時の年号（749）。天平21年4月14日改元。同年2月22日に陸奥国から黄金を献じたことによる。1年7月2日2か月余りで天平勝宝と改元。孝謙天皇の即位による。

天平勝宝（てんぴょうしょうほう）

孝謙天皇の時の年号。（749-57）。天平感宝1年7月2日改元。孝謙の即位による。7年1月4日勅で、「七年」を「七歳」と改めたが、9歳8月18日に天平宝字と改元した。

4年4月大仏開眼供養が盛大に行われた。7歳9月東大寺戒壇院が建立された。8歳5月聖武太上天皇が没し、9歳5月養老律令を施行、同7月橘奈良麻呂の乱が起こった。

天平宝字（てんぴょうほうじ）

孝謙天皇・淳仁天皇・称徳天皇の時の年号（757-65）。天平勝宝9歳8月18日改元。同歳3月20日孝謙天皇の寝殿の承塵（塵受け）裏に「天下太平」の4字が生

じ、8月13日駿河国益頭郡の金刺舎人麻自が、蚕が「五月八日開化帝釈標、知天皇命百年息」の文を作ったのを献じたにより改元。9年1月7日天平神護と改元。

天平宝字年間は藤原仲麻呂の全盛期で、2年8月恵美押勝の名を賜り、4年1月太師（太政大臣）となったが、8年9月反乱を起こして討たれた。『萬葉集』が成ったのも3年頃のこととされている。

天平神護（てんぴょうじんご）

称徳天皇の時の年号（765-67）。天平宝字9年1月7日改元。恵美押勝の乱の平定は神霊の護りによるとの認識にもとづく。3年8月16日神護景雲と改元。

1年10月道鏡が太政大臣禅師に、翌年法王となった。

神護景雲（じんごけいうん）

称徳天皇の時の年号（767-70）。天平神護3年8月16日改元。6月16日平城宮東南角に七色の雲、同月17日伊勢度会宮（外宮）の上に五色の瑞雲が、7月15日陰陽寮西北角に異雲、同23日東南角に五色の雲があらわれたことによる。4年10月1日宝亀と改元。

3年9月和気清麻呂が宇佐八幡の神託を奏上し流罪となった。

宝亀（ほうき）

光仁天皇の時の年号（770-81）。神護景雲4年10月1日改元。8月に肥後国から白亀が献上されたことによる。これが大瑞とされた。12年1月1日天応と改元。

1年8月道鏡失脚。3年5月大逆により他戸親王廃太子。東北地方での蝦夷の反乱があいつぎ、11年3月には伊治呰麻呂が叛いた。

天応（てんおう）

光仁天皇・桓武天皇の時の年号（781-82）。宝亀12年

1月1日改元。「てんのう」とも読む。伊勢斎宮に美雲が出現したことによる。2年8月19日延暦と改元。

延 暦（えんりゃく）

桓武天皇・平城天皇の時の年号（782-806）。天応2年8月19日改元。桓武即位による改元。25年5月18日大同と改元。

3年11月長岡京に移り、13年10月平安京に遷都。延暦年間は造都事業と東北の蝦夷戦争に力を注ぎ、国家財政はこれによって傾いたといわれる。

大 同（だいどう）

平城天皇・嵯峨天皇の時の年号（806-10）。延暦25年5月18日改元。即位による。5年9月19日弘仁と改元。

1年8月空海が唐から帰国。前年帰国した最澄とともに平安仏教の基礎を築く。

弘 仁（こうにん）

嵯峨天皇・淳和天皇の時の年号（810-24）。大同5年9月19日改元。代始の改元。15年1月5日天長と改元。

1年9月薬子の変起こる。5年6月『新撰姓氏録』撰上。4年2月に石見国、14年2月大宰府管内で公営田制が実施され調庸制の衰退に対応した。

天 長（てんちょう）

淳和天皇・仁明天皇の時の年号（824-34）。弘仁15年1月5日代始による改元。菅原清公（弾正大弼）・都腹赤（文章博士）・南渕弘貞（右近衛権少将）の勘申によるが、出典引文はない。11年1月3日承和と改元。

5年12月空海が綜芸種智院を建立した。10年2月清原夏野らが『令義解』を撰進した。

承 和（じょうわ）

仁明天皇の時の年号（834-48）。天長11年1月3日、

代始による改元。「しょうわ」とも読む。15年6月13日嘉祥と改元。

9年7月伴健岑・橘逸勢らが謀叛の疑いで捕らえられ、同月恒貞親王廃太子。

嘉 祥 (かしょう)

仁明天皇・文徳天皇の時の年号 (848-51)。「かじょう」とも読む。承和15年6月13日豊後国から白亀を献上した祥瑞による改元。4年4月28日仁寿と改元。

1年8月大洪水で茨田堤が崩壊した。

仁 寿 (にんじゅ)

文徳天皇の時の年号 (851-54)。嘉祥4年4月28日改元。白亀・甘露などの祥瑞による。『文徳天皇実録』は「孫氏瑞応図云、甘露降於草木、食之令人寿、其改嘉祥四年為仁寿元年」とある。4年11月30日斉衡と改元。

3年2月から疱瘡大流行。

斉 衡 (さいこう)

文徳天皇の時の年号 (854-57)。仁寿4年11月30日改元。石見国が醴泉を奉ったのによる。『文徳天皇実録』は「欲使曠代禎符及萬邦以共慶、随時徳政逐五帝而斉衡」とある。4年2月21日天安と改元。

2年5月地震により奈良東大寺の大仏の頭部が落下。

天 安 (てんあん)

文徳・清和天皇の時の年号 (857-59)。斉衡4年2月21日改元。前年に常陸国が木連理、美作国が白鹿を献じたのによる。3年4月15日貞観と改元。

1年2月藤原良房が人臣初の太政大臣となる。2年6月円珍が唐から帰った。

貞 観 (じょうがん)

清和天皇・陽成天皇の時の年号 (859-77)。天安3年4月15日代始による改元。19年4月16日元慶と改元。

8年3月応天門が炎上し、9月伴善男・中庸父子が配流された。10年頃惟宗直本が『令集解』を作った。

元 慶（がんぎょう）

陽成天皇・光孝天皇の時の年号（877－85）。貞観19年4月16日改元。天皇即位による。9年2月21日仁和と改元。

　3年12月畿内5国に4000町歩の官田が設置されたが律令財政史上の転換点となる措置であった。4年12月藤原基経が人臣初の関白となった。

仁 和（にんな）

光孝天皇・宇多天皇の時の年号（885－89）。元慶9年2月21日、代始による改元。5年4月27日寛平と改元。

　4年6月に阿衡事件が起こり、政界大騒動。

寛 平（かんぴょう）

宇多天皇の時の年号（889－98）。「かんぺい」とも読む。仁和5年4月27日即位による改元。10年4月26日昌泰と改元。

　6年9月菅原道真が遣唐使の廃止を献言。宇多天皇は道真を重用し、その政治は「寛平の治」と称されることもあるが、新羅の賊が襲来し防護を命じたりして国際情勢は安泰ではなかった。

昌 泰（しょうたい）

醍醐天皇の時の年号（898－901）。寛平10年4月26日代始による改元。4年7月15日延喜と改元。

　2年9月東国に群盗儵馬の党横行。4年1月菅原道真が大宰権帥に左遷された。

延 喜（えんぎ）

醍醐天皇の時の年号（901－23）。昌泰4年7月15日改元。辛酉革命の年に当たり、また老人星の出現による。23年閏4月11日延長と改元。

2年3月国政改革の格(いわゆる延喜荘園整理令)が出された。5年4月紀貫之らが『古今和歌集』を撰集。これが最初の勅撰集である。14年4月三善清行が意見十二箇条を奏上し律令制再建の方途を示した。

延長(えんちょう)

醍醐天皇・朱雀天皇の時の年号(923-31)。延喜23年閏4月11日、旱魃・疾疫(咳病)流行により改元。天皇の勅勘により、出典は『文選』東都賦・白雉詩「彰皇徳兮、侔周成、永延長兮膺天慶」にある。9年4月26日承平と改元。

5年12月藤原忠平らが『延喜式』を編纂した。律令制の変質過程を示す重要な史料である。

承平(じょうへい)

朱雀天皇の時の年号(931-38)。「しょうへい」とも読む。延長9年4月26日代始による改元。大江維時・同朝綱の撰定による。出典は『漢書』食貨志の「今累世承平、豪富吏民、貲数鉅萬」にある。8年5月22日天慶と改元。

5年2月平将門が常陸で伯父平国香を殺害し、いわゆる承平・天慶の乱が始まる。

天慶(てんぎょう)

朱雀天皇の時の年号(938-47)。承平8年5月22日、厄運・地震・兵革の慎みによる改元。大江朝綱(左少弁兼文章博士)・大江維時(文章博士)の勘申により、出典は『漢書』の「唯天子、建中和之極、兼総条貫、金声而玉振之、以順成天慶、垂萬世之基」にある。10年4月22日天暦と改元。

3年2月平将門は下総国幸島で討たれ、4年6月藤原純友も降伏した。いわゆる承平・天慶の乱が終わったのである。

天　暦（てんりゃく）

　村上天皇の時の年号（947－57）。天慶10年4月22日代始による改元。年号の撰定については勅定説と大江朝綱（左中弁）・大江維時説とがある。出典は『論語』の「天之暦数在爾躬」にある。11年10月27日天徳と改元。

　村上天皇の治政は「天暦の治」と称揚される。

天　徳（てんとく）

　村上天皇の時の年号（957－61）。天暦11年10月27日、水旱災および怪異により改元。秦具瞻または菅原文時の勘申という。出典は『周易』の「飛龍在天、乃位乎天徳」にある。5年2月16日応和と改元。

　4年3月摂津国四天王寺が焼亡した。

応　和（おうわ）

　村上天皇の時の年号（961－64）。天徳5年2月16日改元。辛酉革命の年に当たり、また内裏焼亡による。勘申者は菅原文時（文章博士）。出典は不明であるが、『晋書』律歴志に「鳥獣万物、莫不応和」とある。4年7月10日康保と改元。

康　保（こうほ）

　村上天皇・冷泉天皇の時の年号（964－68）。応和4年7月10日改元。甲子の年に当たること、また旱魃のため。出典は『尚書』の「別求聞由古先哲王、用康保氏」。大江維時の勘申。5年8月13日安和と改元。

　3年閏8月京は大洪水に見舞われ五・六条以南が水没。

安　和（あんな）

　冷泉天皇・円融天皇の時の年号（968－70）。康保5年8月13日代始による改元。勘申者は藤原後生（文章博士）。出典は不明であるが、『漢書』杜延年伝に「延年為人安和、備于諸事」、同礼楽志に「四時舞者、孝文所作、以明示天下之安和也」とある。3年3月25日天禄

と改元。

2年3月 源 高明(みなもとのたかあきら)が大宰権帥に左遷された。いわゆる安和の変である。

天 禄（てんろく）

円融天皇(えんゆう)の時の年号（970-73）。安和(あんな)3年3月25日代始(のちおう)による改元。藤原後生（文章博士）が勘申。『書経』に「天禄永終(てんえん)」がある。4年12月20日天延と改元。

天 延（てんえん）

円融天皇(えんゆう)の時の年号（973-76）。天禄(てんろく)4年12月20日、天変・地震による改元。『芸文類聚』に「天縁永延」がある。4年7月13日貞元(じょうげん)と改元。

貞 元（じょうげん）

円融天皇(えんゆう)の時の年号（976-78）。「ていげん」とも読む。天延(てんえん)4年7月13日火災・地震による改元。出典未詳。『文選』思玄賦に「抨坒咸使占夢兮、乃貞吉之元符」とある。3年11月29日天元(てんげん)と改元。

天延4年5月に内裏焼亡、6月に大地震があった。

天 元（てんげん）

円融天皇(えんゆう)の時の年号（978-83）。貞元(じょうげん)3年11月29日改元。天変および明年陽五の御慎(おつつしみ)（予想される天災）による。6年4月15日永観(えいかん)と改元。『史記』歴書に「改正朔易服色、推本天元、順承厥意」とある。

5年の頃慶滋保胤(よししげのやすたね)が『池亭記(ちていき)』を、源 高明(みなもとのたかあきら)が『西宮記(さいきゅうき)』を著す。

永 観（えいかん）

円融天皇・花山天皇(かざん)の時の年号（983-85）。「ようかん」とも読む。旱魃・内裏焼亡により天元(てんげん)6年4月15日改元。菅原資忠(すけただ)の勘申による。出典は不明であるが、『尚書(らくこう)』洛誥に「王俾殷乃承叙万年、其永観朕子懐徳」とあり、また『毛詩(もうし)』周頌(しゅうしょう)、有瞽(ゆうこ)に「我客戻止、永観

厥成」とある。3年4月27日寛和と改元。

寛　和（かんな）
　花山天皇・一条天皇の時の年号（985－87）。永観3年4月27日即位により改元。勘申者は不明であるが、『漢書』成帝紀に「崇寛大、長和睦」とあり、『書経』君陳篇に「寛而有制、従容以和」とある。3年4月5日永延と改元。
　　1年源信が『往生要集』を著した。

永　延（えいえん）
　一条天皇の時の年号（987－89）。寛和3年4月5日即位改元。勘申者・出典不明ながら『後漢書』馬融伝に「豊千億之子孫、歴万載而永延」とあり、『隋書』音楽志に「周庭有列、湯孫永延」とある。3年8月8日永祚と改元。
　　2年11月尾張国の郡司・百姓らが国守藤原元命の非法31か条を訴えた。

永　祚（えいそ）
　一条天皇の時の年号（989－90）。永延3年8月8日、天変・地震により改元。大江維時（中納言）の勘申による。『詩経』に「君子万年、永錫祚胤」とある。2年11月7日正暦と改元。
　　1年8月鴨川の堤が決潰し京都大洪水。

正　暦（しょうりゃく）
　一条天皇の時の年号（990－95）。永祚2年11月7日大風天変により改元。勘申者・出典未詳。6年2月22日長徳と改元。
　　5年九州で発生した疾病が諸国に広まり、5位以上の官人が67人死亡した。

長　徳（ちょうとく）
　一条天皇の時の年号（995－99）。正暦6年2月22日

の疾病・天変により改元。大江維時(これとき)(中納言)の勘申による。出典は『揚雄文』の「唐虞長徳、而四海永懐」にある。5年1月13日長保(ちょうほう)と改元。

1年6月藤原道長が右大臣、ついで2年7月左大臣となる。4年9月鴨川の堤が切れ京都大洪水。

長　保（ちょうほう）

一条(いちじょう)天皇の時の年号（999-1004）。長徳(ちょうとく)5年1月13日天変・炎旱により改元。勘申者は大江匡衡(まさひろ)（文章博士）。出典は『周易(しゅうえき)』および「国語」の「本固而功成、施徧而民阜(かん)、乃可長保民矣」にある。6年7月20日寛弘(こう)と改元。

1年3月富士山噴火。4年10月慶滋保胤(よししげやすたね)が没した。

寛　弘（かんこう）

一条天皇・三条(さんじょう)天皇の時の年号（1004-12）。長保(ちょうほう)6年7月20日改元。天変・地震による。出典は『漢書』の「寛弘尽下、出於恭倹、号令温雅、有古之風烈」にある。9年12月25日長和(ちょうわ)と改元。

1年『和泉式部日記』、4年『源氏物語』成る。

長　和（ちょうわ）

三条(さんじょう)天皇・後一条(ごいちじょう)天皇の時の年号（1012-17）。寛弘(かんこう)9年12月25日、代始による改元。菅原宣義(のりよし)、大江通直(みちなお)（文章博士）の勘申。出典は『礼記(らいき)』の「君臣正、父子親、長幼和、而后礼義立」にある。6年4月23日寛仁(かんにん)と改元。

5年1月藤原道長摂政となり、この頃紫式部没す。

寛　仁（かんにん）

後一条(ごいちじょう)天皇の時の年号（1017-21）。長和(ちょうわ)6年4月23日即位改元。藤原広業(ひろなり)（式部大輔）の勘申。勘文に「会稽記云、寛仁祐云々」と見える。5年2月2日治安(ちあん)と改元。

3年3〜4月女真族北九州を侵す（刀伊の入寇）。

治　安（ちあん）
後一条天皇の時の年号（1021-24）。「じあん」とも読む。寛仁5年2月2日辛酉革命の年に当たり改元。藤原広業（参議）、三善為政（文章博士）の勘申による。出典は『漢書』賈誼伝の「陛下何不壱令臣得孰数之於前、因陳治安之策、試詳択焉」にある。4年7月13日万寿と改元。

　2年7月藤原道長が法成寺金堂を供養し天皇も行幸。

万　寿（まんじゅ）
後一条天皇の時の年号（1024-28）。治安4年7月13日、甲子革令の年に当たり改元。善滋（三善）為政（文章博士）の勘申。同勘文に「毛詩曰、楽只君子、邦家之光、楽只君子、万寿無疆」とある。5年7月25日長元と改元。

　4年12月藤原道長、藤原行成が没した。5年6月平忠常が下総で反乱を起こした。

長　元（ちょうげん）
後一条天皇の時の年号（1028-37）。万寿5年7月25日、疫癘・炎旱により改元。善滋（三善）為政（文章博士）の勘申。出典は『太公六韜』の「天之為大、元為天長矣、地久矣、長久在其元、万物在其間、各得自利、謂之泰平、故有七十六壬癸、其所繋天下而有」にある。10年4月21日長暦と改元。

　3年春疾病流行し死者多数。7年8月大風・大水のため内裏をはじめ建造物多数倒壊す。

長　暦（ちょうりゃく）
後朱雀天皇の時の年号（1037-40）。長元10年4月21日代始改元。藤原義忠（大学頭）の勘申。出典は『春

秋』という。4年11月10日長久(ちょうきゅう)と改元。

長 久(ちょうきゅう)
後朱雀天皇の時の年号(1040－44)。長暦4年11月10日災変による改元。大江挙周(式部権大輔)の勘申。出典は『老子』の「天長地久、天地所以能長且久者、以其不自生、故能長生」にある。5年11月24日寛徳と改元。

2年1月藤原公任(きんとう)が没した。

寛 徳(かんとく)
後朱雀天皇・後冷泉(ごれいぜい)天皇の時の年号(1044－46)。長久5年11月24日炎旱・疾病により改元。平定親(さだちか)(文章博士)・大江挙周(たかちか)(式部権大輔)の勘申。勘文に「後漢書曰、上下歓欣、人懐寛徳」とある。3年4月14日永承(えいしょう)と改元。

2年10月新立荘園の停止を命じた(いわゆる寛徳荘園整理令)。3年1月藤原実資(さねすけ)が没するが90歳で、当時としては並外れた長寿であった。

永 承(えいしょう)
後冷泉(ごれいぜい)天皇の時の年号(1046－53)。寛徳(かんとく)3年4月14日即位による改元。平定親(さだちか)(文章博士)の勘申。出典は『晋書(しんじょ)』礼志の「永承天祚」にある。8年1月11日天喜(てんき)と改元。

6年前九年(ぜんくねん)の役(えき)が始まった。7年この年末法第一年に入ると信じられた。

天 喜(てんき)
後冷泉(ごれいぜい)天皇の時の年号(1053－58)。「てんぎ」ともいう。永承8年1月11日、天変怪異により改元。平貞親(さだちか)(右中弁)の勘申。出典は『抱朴子(ほうぼくし)』の「人主有道、則喜(嘉)享並臻、此則天喜也」にある。6年8月29日康平(こう)(へい)と改元。

1年3月平等院鳳凰堂(びょうどういんほうおうどう)完成。3年3月新立荘園の停

止令（いわゆる天喜荘園整理令）。

康平（こうへい）
後冷泉天皇の時の年号（1058－65）。天喜6年8月29日大極殿火災のため改元。藤原実範（文章博士）が勘申。その勘文に「後漢書曰、文帝寛恵柔克、遭代康平」とある。8年8月2日治暦と改元。

　5年9月源頼義が安倍貞任・宗任を破る（前九年の役終わる）。

治　暦（ちりゃく）
後冷泉天皇の時の年号（1065－69）。「じりゃく」とも。康平8年8月2日炎旱・三合厄（大凶の厄年）により改元。藤原実綱（式部大輔）の勘申。出典は『尚書正義』の「湯武革命、順乎天而応於人、君子以治暦明時、然則改正治暦自武王始矣」、また『周易』の「君子治暦明時」にある。5年4月13日延久と改元。1年9月新立荘園の停止（いわゆる治暦の荘園整理令）。

　5年2月また新立荘園の停止（いわゆる延久の荘園整理令）。

延　久（えんきゅう）
後三条天皇・白河天皇の時の年号（1069－74）。治暦5年4月13日即位による改元。藤原実綱（式部大輔）の勘申。出典は『尚書』君奭注の「我以道惟安寧、王之徳欲延久也」にある。6年8月23日承保と改元。

　4年3月成尋が入宋した。

承　保（じょうほ）
白河天皇の時の年号（1074－77）。延久6年8月23日代始改元。藤原正家（文章博士）の勘申。勘文によれば出典は『尚書』という。4年11月17日承暦と改元。

　3年12月に法勝寺阿弥陀堂が落成した。

承　暦（じょうりゃく）

白河天皇の時の年号（1077-81）。承保4年11月17日、旱魃と疱瘡の流行で改元。藤原正家（文章博士）・同実綱（式部大輔）の勘申。同勘文に「維城典訓曰、聖人者以懿徳、永承暦」と見える。5年2月10日永保と改元。

　1年7月源隆国没す。

永　保（えいほう）
　白河天皇の時の年号（1081-84）。「えいほ」とも読む。承暦5年2月10日辛酉革命の年に当たり改元。藤原行家（文章博士）が勘申。出典は『尚書』仲虺之誥の「欽崇天道、永保天命」と同梓材の「惟王子子孫孫、永保民人」にある。4年2月7日応徳と改元。

　3年9月源義家が陸奥守兼鎮守府将軍として赴任し、後三年の役始まる。

応　徳（おうとく）
　白河天皇・堀河天皇の時の年号（1084-87）。永保4年2月7日甲子革令の年に当たり改元。藤原有綱（文章博士）の勘申。出典は『白虎通』封禅の「天下泰平、符瑞所以来至者、以為王者承天順理、調和陰陽、和万物序、休気充塞、故符瑞並臻、皆応徳而至」かという。4年4月7日寛治と改元。

　3年11月白河上皇の院政始まる。

寛　治（かんじ）
　堀河天皇の時の年号（1087-94）。応徳4年4月7日即位改元。大江匡房（左大弁）の勘申。同勘文に「礼記曰、湯以寛治民、而除其虐」とある。8年12月15日嘉保と改元。

　1年12月源義家金沢柵を攻略し後三年の役終わる。
　6年3月興福寺僧徒ら京都に乱入。

嘉　保（かほう）
　堀河天皇の時の年号（1094-96）。寛治8年12月15日、

疫病流行により改元。大江匡房(まさふさ)(権中納言)の勘申。その勘文に「史記曰、嘉保太平」と見える。3年12月17日永長(えいちょう)と改元。

　2年初めて院に北面の武士を置いた。3年6月京中で田楽(でんがく)大流行(いわゆる永長の大田楽)。この頃ヨーロッパでは第1回十字軍が結成された。

永　長(えいちょう)
　堀河(ほりかわ)天皇の時の年号(1096-97)。嘉保(かほう)3年12月17日天変・地震により改元。大江匡房(まさふさ)の勘申。出典は『後漢書』光武帝紀の「稟国永長、為後世法」にある。2年11月21日承徳(じょうとく)と改元。

承　徳(じょうとく)
　堀河(ほりかわ)天皇の時の年号(1097-99)。永長(えいちょう)2年11月21日地震・洪水・大風などにより改元。藤原敦基(あつもと)(文章博士)の勘申。同勘文に「周易曰、幹父之蠱用誉承以徳(こうわ)也」とある。3年8月28日康和と改元。

　1年平正盛は伊賀国の所領を六条院に寄進し院との接近を図った。2年10月源義家に院昇殿が聴された。

康　和(こうわ)
　堀河(ほりかわ)天皇の時の年号(1099-1104)。承徳(じょうとく)3年8月28日改元。地震・疾疫による。藤原正家(まさいえ)(式部大輔)の勘申。同勘文に「崔寔政論曰、四海康和、天下同楽」とある。6年2月10日長治(ちょうじ)と改元。

　2年の頃大江匡房(まさふさ)の『江家次第(ごうけしだい)』(平安後期の代表的儀式書(しんぼく))成る。5年3月興福寺衆徒神木を奉じて強訴。

長　治(ちょうじ)
　堀河(ほりかわ)天皇の時の年号(1104-06)。康和(こうわ)6年2月10日改元。天変による。菅原在良(ありよし)(文章博士)・藤原俊信(としのぶ)(同)の勘申。出典は『漢書』の「建久安之勢、成長治之業」にある。3年4月9日嘉承と改元。

この頃僧徒・神人らの濫訴しきり。

嘉承(かしょう)

堀河天皇・鳥羽天皇の時の年号（1106-08）。天変により長治3年4月9日改元。菅原在良（文章博士）の勘申。同勘文に「漢書曰、礼楽志曰、嘉承天和、伊楽厥福」とある。3年8月3日天仁と改元。

1年7月源義家が没した。1年から2年にかけ京都で印地打ち（石合戦）が流行した。

天仁(てんにん)

鳥羽天皇の時の年号（1108-10）。嘉承3年8月3日代始改元。大江匡房（大宰権帥）の勘申。出典は『文選』の「統天、仁風遐揚」にある。3年7月13日天永と改元。

1年7月に浅間山爆発し上野の田畠壊滅。

天永(てんえい)

鳥羽天皇の時の年号（1110-13）。彗星出現により天仁3年7月13日改元。大江匡房（大宰権帥）の勘申による。出典は『尚書』の「欲王以小民、受天永命」にある。4年7月13日永久と改元。

永久(えいきゅう)

鳥羽天皇の時の年号（1113-18）。天変・疾疫・兵革などにより天永4年7月13日改元。菅原在良（文章博士）の勘申。出典不明。6年4月3日元永と改元。

1年夏、興福寺と延暦寺の僧徒ら戦う。5年9月大風により内裏の殿舎倒壊。

元永(げんえい)

鳥羽天皇の時の年号（1118-20）。天変・疾疫により永久6年4月3日改元。菅原在良（式部大輔）の勘申。出典不詳だが『易』に「元永貞」がある。3年4月10日保安と改元。

2年平正盛が盗賊追捕に活躍。

保　安（ほうあん）
　鳥羽天皇・崇徳天皇の時の年号（1120-24）。元永3年4月10日改元。三善為康（文章博士）の夏が御厄運御慎に当たるという進言から。5年4月3日天治と改元。
　4年1月藤原忠通が摂政となった。

天　治（てんじ）
　崇徳天皇の時の年号（1124-26）。保安5年4月3日代始改元。藤原敦光（式部大輔）の勘申。出典は『易緯』の「帝者徳配天地、天子者継天治物」にある。3年1月22日大治と改元。

大　治（だいじ）
　崇徳天皇の時の年号（1126-31）。「たいち」とも。天治3年1月22日疱瘡流行により改元。藤原敦光（式部大輔）の勘申。同勘文に「河図挺佐輔曰、黄帝修徳立義、天下大治」「賈誼五美曰、当時大治、後世誦聖、一動而五美附」とある。6年1月29日天承と改元。
　2年『金葉和歌集』撰上。4年1月京都大火。

天　承（てんしょう）
　崇徳天皇の時の年号（1131-32）。炎旱・天変により大治6年1月29日改元。藤原敦光（式部大輔）の勘申。出典は『漢書』の「聖王之自為、動静周旋、奉天承親、臨朝享臣、物有節文、以章人倫」にある。2年8月11日長承と改元。
　1年3月藤原宗忠が尚歯会を催した。この頃『大鏡』が成る。

長　承（ちょうしょう）
　崇徳天皇の時の年号（1132-35）。天承2年8月11日疾疫により改元。藤原敦光（式部大輔）の勘申。出典は『史記』の「長承聖治、群臣嘉徳」にある。4年4

月27日保延と改元。

3年洪水・飢饉と咳病流行で社会不安。4年3月京中に賑給を行う。

保 延（ほえん）

崇徳天皇の時の年号（1135-41）。「ほうえん」とも。飢饉・疾疫・洪水などにより長承4年4月27日改元。藤原顕業（文章博士）の勘申。同勘文に「文選曰、永安寧以祉福、長与大漢而久存、実至尊之所御、保延寿而宜子孫」と見える。7年7月10日永治と改元。

3年2月興福寺僧徒神木を奉じて入京強訴。この頃寺社の僧徒・神人の活動活溌。

永 治（えいじ）

崇徳天皇・近衛天皇の時の年号（1141-42）。辛酉革命に当たり保延7年7月10日改元。藤原実光（権中納言）・同永範（文章博士）の勘申。出典は『魏文典論』の「礼楽興於上、頌声作於下、永治長徳、与年豊」や『晋書』武帝紀の「見土地之広、謂万葉而無虞、視天下之安、謂千年而永治」にある。2年4月28日康治と改元。

4月藤原宗忠没す。

康 治（こうじ）

近衛天皇の時の年号（1142-44）。甲子革令に当たり永治2年4月28日代始改元。藤原永範（文章博士）の勘申。同勘文に「宋書曰、以康治道」とある。3年2月23日天養と改元。

3月園城寺と延暦寺の僧徒ら争う。9月鴨川氾濫。

天 養（てんよう）

近衛天皇の時の年号（1144-45）。甲子革令により康治3年2月23日改元。藤原茂明（文章博士）の勘申。出典は『後漢書』の「此天之意也、人之慶也、仁之本也、倹之要也、焉有応天養人為仁為倹、而不降福者乎」に

ある。2年7月22日久安と改元。

2年南蛮人が大宰府に漂着した。

久 安（きゅうあん）

近衛天皇の時の年号（1145-51）。彗星の出現により天養2年7月22日改元。藤原永範（文章博士）の勘申。この勘文に「晋書曰、建久安於万載」と見える。7年1月26日仁平と改元。

久安年間、興福寺・東大寺・延暦寺・金峯山寺・祇園社などの僧徒・神人間の闘争さかん。

仁 平（にんぺい）

近衛天皇の時の年号（1151-54）。「にんぴょう」とも読む。大風・洪水により久安7年1月26日改元。藤原永範（文章博士）の勘申。その勘文に「後漢書曰、政貴仁平」と見える。4年10月28日久寿と改元。

3年4月大江氏の江家文庫焼失。

久 寿（きゅうじゅ）

近衛天皇の時の年号（1154-56）。仁平4年10月28日厄運による改元。藤原永範（文章博士）の勘申。その勘文に「抱朴子曰、其業在於全身久寿」と見える。3年4月27日保元と改元。

2年8月源義平（悪源太）が武蔵国大蔵館で叔父義賢（木曾義仲の父）を討った。

保 元（ほうげん）

後白河天皇・二条天皇の時の年号（1156-59）。「ほうげん」とも読む。久寿3年4月27日代始改元。藤原永範（式部大輔）の勘申。その勘文に「顔氏曰、以保元吉也」とある。4年4月20日平治と改元。

1年7月保元の乱起こる。

平 治（へいじ）

二条天皇の時の年号（1159-60）。保元4年4月20日

代始改元。藤原俊経（文章博士）の勘申。その勘文に「天下於是大平治」とある。2年1月10日永暦と改元。

1年12月平治の乱起こる。

永 暦（えいりゃく）

二条天皇の時の年号（1160-61）。大乱により平治2年1月10日改元。藤原永範（式部大輔）により勘申。出典は『後漢書』辺譲伝の「馳淳化於黎元、永歴代而太平」また『後漢書』律暦志の「黄帝造歴、歴与暦同作」にある。2年9月4日応保と改元。

1年2月源頼朝伊豆へ配流される。

応 保（おうほう）

二条天皇の時の年号（1161-63）。「おうほ」とも読む。疱瘡の流行により永暦2年9月4日改元。藤原資長（参議左大弁）の勘申。出典は『尚書』康誥「已汝惟小子、乃服惟弘王、応保殷民」にある。3年3月29日長寛と改元。

2年6月藤原忠実没。

長 寛（ちょうかん）

二条天皇の時の年号（1163-65）。疱瘡の流行により応保3年3月29日改元。藤原範兼（刑部卿）の勘申。出典は『維城典訓』の「長之寛之、施其功博矣」にある。3年6月5日永万と改元。

2年9月平家一門法華経を厳島神社に奉納。同12月、平清盛蓮華王院（三十三間堂）を造営。

永 万（えいまん）

二条天皇・六条天皇の時の年号（1165-66）。天皇不予により長寛3年6月5日改元。藤原俊経（左少弁・文章博士）の勘申。出典は『漢書』王襃伝の「休徴自至、寿考無疆、雍容垂拱、永永万年」にある。2年8月27日仁安と改元。

仁　安（にんあん）

六条天皇・高倉天皇の時の年号（1166－69）。永万2年8月27日代始改元。藤原成光（文章博士）の勘申。同勘文に「毛詩、正義曰、行其寛仁安静之政、以定天下、得至於太平」とある。4年4月8日嘉応と改元。

2年2月平清盛が太政大臣となる。3年9月僧重源・同栄西が宋から帰国した。

嘉　応（かおう）

高倉天皇の時の年号（1169－71）。仁安4年4月8日即位による改元。藤原資長（権中納言）の勘申。出典は『漢書』王襃伝の「天下殷富、数有嘉応」にある。3年4月21日承安と改元。

2年4月源為朝伊豆大島で自殺す。

承　安（じょうあん）

高倉天皇の時の年号（1171－75）。「しょうあん」とも読む。嘉応3年4月21日天変による改元。藤原資長（権中納言）の勘申。同勘文に「尚書曰、王命我来、承安汝文徳之祖、正義、承文王之意、安定此民也」とある。5年7月28日安元と改元。

1年12月平清盛の娘徳子入内。4年源義経が陸奥国へ下向。

安　元（あんげん）

高倉天皇の時の年号（1175－77）。疱瘡の流行により承安5年7月28日改元。藤原俊経（右大弁）の勘申。出典は『漢書』の「除民害、安元元」にある。3年8月4日治承と改元。

1年9月大風により京中の家屋多数倒壊。3年6月鹿ヶ谷事件起こる。

治　承（ちしょう）

高倉天皇・安徳天皇の時の年号（1177－81）。火災によ

り安元3年8月4日改元。「じしょう」とも読む。藤原光範（文章博士）の勘申。同勘文に「河図曰、治欽文徳、治承天精」とある。5年7月14日養和と改元。

4年8月源頼朝が伊豆で挙兵し、源平合戦が始まる。

養　和（ようわ）
安徳天皇の時の年号（1181-82）。治承5年7月14日代始改元。藤原敦周（文章博士）の勘申。その勘文に「後漢書曰、幸得保性命、存神養和」とある。『吾妻鏡』養和2年2月8日条所収源頼朝願文の日付が「治承六年壬寅二月八日」となっていることなどから、頼朝は養和年号を認めなかったのではとの説がある。2年5月27日寿永と改元。

1年全国的な飢饉に襲われた。

寿　永（じゅえい）
安徳天皇・後鳥羽天皇の時の年号（1182-84）。疾疫・飢饉・兵革、陰陽道でいう三合の年に当たり、養和2年5月27日改元。藤原俊経（式部大輔）の勘申。その勘文に「毛詩曰、以介眉寿、永言保之、思皇多祐」と見える。3年4月16日元暦と改元。

2年10月宣旨により源頼朝に東海・東山両道での権限を認める。

元　暦（げんりゃく）
後鳥羽天皇の時の年号（1184-85）。寿永3年4月16日代始改元。藤原光範（文章博士）の勘申。同勘文に「尚書緯考霊曜曰、天地開闢、元暦紀名、月首甲子冬至、日月若懸璧、五星若編珠」とある。2年8月14日文治と改元。

1年10月頼朝が公文所・問注所を設置。2年3月壇ノ浦合戦に敗れて平氏一門滅亡。

文　治（ぶんじ）

後鳥羽天皇の時の年号（1185-90）。「もんち」とも読む。元暦2年8月14日地震・兵革により改元。藤原兼光（左大弁）の勘申。同勘文に「礼記曰、湯以寛治民、文王以文治」とある。6年4月11日建久と改元。

1年11月源頼朝の要求により守護・地頭の設置が認められた。

建 久（けんきゅう）
　後鳥羽天皇・土御門天皇の時の年号（1190-99）。翌年が三合に当たるため文治6年4月11日改元。藤原光輔（文章博士）の勘申。同勘文に「晋書曰、建久安於万歳、垂長世於無窮、呉書曰、安国和民、建久長之計」とある。10年4月27日正治と改元。

3年7月源頼朝征夷大将軍となり、10年1月没す。

正 治（しょうじ）
　土御門天皇の時の年号（1199-1201）。建久10年4月27日代始改元。菅原在茂（大学頭）の勘申。同勘文に「荘子曰、天子諸侯大夫鹿人、此四者自正治之美」とある。3年2月13日建仁と改元。

1年12月梶原景時は鎌倉を追放され、2年1月駿河国で討たれた。

建 仁（けんにん）
　土御門天皇の時の年号（1201-04）。辛酉革命の年に当たり、正治3年2月13日改元。藤原宗業（文章博士）の勘申。同勘文に「文選曰、太竭智附賢者必建仁策、注曰、為人君当竭尽智力、託附賢臣、必立仁恵之策、賢臣帰之」とある。4年2月20日元久と改元。

2年7月源頼家が征夷大将軍となる。3年9月比企氏の乱起こる。同年10月東大寺仁王門金剛力士像成る。

元 久（げんきゅう）
　土御門天皇の時の年号（1204-06）。甲子革令の年に当

たり建仁4年2月20日改元。藤原親経(参議)の勘申。同勘文に「毛詩正義曰、文王建元久矣」とある。3年4月27日建永と改元。

2年3月『新古今和歌集』撰進。

建 永 (けんえい)

土御門天皇の時の年号(1206-07)。疱瘡の流行により元久3年4月27日改元。藤原範光(民部卿)・菅原在高(式部大輔)の勘申。同勘文に「文選曰、流恵下民、建永世之業」とある。2年10月25日承元と改元。

1年6月重源が没した。2年2月幕府は専修念仏を禁止し、源空・親鸞を流罪とした。

承 元 (じょうげん)

土御門天皇・順徳天皇の時の年号(1207-11)。疱瘡の流行・洪水により建永2年10月25日改元。藤原資実(権中納言)の勘申。同勘文に「通典曰、古者祭以酉(首)時、薦用(以)仲月、近代相承、元日奏祥瑞」とみえる。5年3月9日建暦と改元。

この頃後鳥羽上皇はしきりに熊野に御幸。

建 暦 (けんりゃく)

順徳天皇の時の年号(1211-13)。承元5年3月9日代始改元。藤原資実(権中納言)の勘文に「春秋命暦序曰、帝顓頊云、建暦立紀以天元、尸子云、羲和造暦、或作暦」、菅原為長(式部権大輔)の勘文に「後漢書曰、建暦之本、必先立元、元正然後定曰、曰此定」とあり、藤原孝範の勘文に「宋書曰、建暦之本、必先立元」とある。3年12月6日建保と改元。

2年1月法然没。2年4月鴨長明『方丈記』成る。3年5月和田義盛挙兵し、いわゆる和田合戦起こる。

建 保 (けんぽう)

順徳天皇の時の年号(1213-19)。建暦3年12月6日

天変により改元。藤原宗業（式部大輔）の勘申。同勘文に「尚書曰、惟天丕建保乂有殷」とある。7年4月12日承久と改元。

7年1月将軍源実朝鶴岡八幡宮社頭で暗殺される。

承 久（じょうきゅう）
順徳天皇・仲恭天皇・後堀河天皇の時の年号（1219-22）。建保7年4月12日、三合厄年・天変・旱魃により改元。菅原為長（大蔵卿）の勘申。出典は勘文によると『詩緯』の「周起自后稷、歴世相承久」にあるという。4年4月13日貞応と改元。

3年5月承久の乱起こる。この頃慈円の『愚管抄』成る。

貞 応（じょうおう）
後堀河天皇の時の年号（1222-24）。承久4年4月13日代始改元。菅原為長（大蔵卿）の勘申。同勘文に「周易曰、中孚以利貞、乃応乎天也」とある。3年11月20日元仁と改元。

2年、諸国で大田文を作成。

元 仁（げんにん）
後堀河天皇の時の年号（1224-25）。貞応3年11月20日天変による改元。菅原為長（式部大輔）の勘申。同勘文に「周易曰、元亨利貞、正義曰、元仁也」とある。2年4月20日嘉禄と改元。

1年親鸞の『教行信証』成る。

嘉 禄（かろく）
後堀河天皇の時の年号（1225-27）。元仁2年4月20日の疾疫による改元。菅原在高（兵部卿）の勘申。同勘文に「博物志曰、承皇天嘉禄」とある。3年12月10日安貞と改元。

1年6月に大江広元、7月北条政子が没した。

安　貞（あんてい）
　後堀河天皇の時の年号（1227-29）。嘉禄3年12月10日疱瘡の流行により改元。菅原資高（文章博士）の勘申、出典は『周易』の「安貞之吉、応地無疆」にある。3年3月5日寛喜と改元。
　1年閏3月俊芿が没した。またこの年道元が帰国。加藤景正も宋から帰り製陶技術を伝えた。

寛　喜（かんぎ）
　後堀河天皇の時の年号（1229-32）。安貞3年3月5日天変により改元。菅原為長（式部大輔）の勘申。同勘文は「後魏書曰、仁興温良、寛興喜楽」とある。4年4月2日貞永と改元。
　1年4月荘園整理令出る。4年以降大飢饉により死者多数。

貞　永（じょうえい）
　後堀河天皇・四条天皇の時の年号（1232-33）。寛喜4年4月2日飢饉による改元。菅原為長（大蔵卿）の勘申。同勘文に「周易注疏曰、利在永貞、永長也、貞正也」とある。2年4月15日天福と改元。
　1年8月関東御成敗式目を制定。

天　福（てんぷく）
　四条天皇の時の年号（1233-34）。貞永2年4月15日代始の改元。菅原為長（大蔵卿兼式部大輔）の勘申。同勘文によると出典は『尚書』の「政善天福之」にある。2年11月5日文暦と改元。
　2年6月幕府は専修念仏宗を禁止した。

文　暦（ぶんりゃく）
　四条天皇の時の年号（1234-35）。「もんりゃく」とも。天福2年11月5日天変地震により改元。藤原家光（権中納言）の勘申。同勘文に「唐書曰、掌天文暦数」と

あり、菅原淳高勘文に「文選曰、皇上以叡文承暦」と見える。2年9月19日嘉禎と改元。1年8月後堀河上皇が没し、いまだ諒闇中にもかかわらず改元したのは異例のこととされる。

嘉　禎（かてい）
　四条天皇の時の年号（1235－38）。文暦2年9月19日天変地異による改元。藤原頼資（前権中納言）の勘申。同勘文に「北斉書曰、蘊千祀、彰明嘉禎」と見える。4年11月23日暦仁と改元。
　2年10月大和国に守護を設置。

暦　仁（りゃくにん）
　四条天皇の時の年号（1238－39）。嘉禎4年11月23日の天変による改元。藤原経範（文章博士）の勘申。同勘文に「隋書曰、皇明馭暦、仁深海県」とある。2年2月7日延応と改元。
　2年1月陸奥の百姓の代銭納を禁じた。

延　応（えんおう）
　四条天皇の時の年号（1239－40）。暦仁2年2月7日天変・地震による改元。藤原経範（文章博士）の勘申。『文選』の「廊廟惟清、俊乂是延、擢広嘉挙」を出典とする。2年7月16日仁治と改元。
　1年9月幕府、山僧・商人借上を地頭代官に任ずることを禁止。2年1月北条時房が没した。

仁　治（にんじ）
　四条天皇・後嵯峨天皇の時の年号（1240－43）。延応2年7月16日彗星出現・地震・旱魃により改元。藤原経範（文章博士）・菅原為長（式部大輔）の勘申。経範の勘文に「書義曰、人君以仁治天下」とあり、為長の勘文に「新唐書曰、太宗……以寛仁治天下」とある。4年2月26日寛元と改元。

2年8月藤原定家没。3年6月北条泰時没。

寛　元（かんげん）
　後嵯峨天皇・後深草天皇の時の年号（1243－47）。仁治4年2月26日即位改元。菅原為長（式部大輔）の勘申。同勘文に「宋書曰、舜禹之際、五教在寛、元元以平」とある。5年2月28日宝治と改元。

宝　治（ほうじ）
　後深草天皇の時の年号（1247－49）。寛元5年2月28日即位改元。藤原経範（文章博士）の勘申。同勘文に「春秋繁露曰、気之清者為精、人之清者為賢、治身者以積徳為宝、治国者以積賢為道」とある。3年3月18日建長と改元。

　1年6月宝治合戦が起こり三浦泰村とその一族滅亡。

建　長（けんちょう）
　後深草天皇の時の年号（1249－56）。宝治3年3月18日変異により改元。藤原経光（前権中納言）の勘申。同勘文に「後漢書曰、建長久之策」とある。8年10月5日康元と改元。

　1年12月幕府引付衆を設置。5年8月道元没。

康　元（こうげん）
　後深草天皇の時の年号（1256－57）。建長8年10月5日疱瘡の流行により改元。藤原経範の勘申。2年3月14日正嘉と改元。

　1年仏師湛慶没。

正　嘉（しょうか）
　後深草天皇の時の年号（1257－59）。康元2年3月14日官衙火災による改元。菅原在章（文章博士）の勘申。同勘文に「藝文類聚曰、肇元正之嘉会」とある。3年3月26日正元と改元。

　2年諸国で悪党蜂起。この年大飢饉により死者多数。

正　元（しょうげん）

　後深草天皇・亀山天皇の時の年号（1259-60）。正嘉3年3月26日飢饉・疾疫により改元。菅原公良（式部権大輔）の勘申。同勘文に「毛詩緯曰、一如正元、万載相伝、注曰、言本正則末理」と見える。2年4月13日文応と改元。

　1年大飢饉・疾病流行により死者多数。

文　応（ぶんおう）

　亀山天皇の時の年号（1260-61）。正元2年4月13日代始改元。菅原在章（文章博士）の勘申。同勘文に「晋書曰、大晋之行、戡武興文之応也」とある。2年2月20日弘長と改元。

　1年7月日蓮が『立正安国論』を北条時頼に進上。

弘　長（こうちょう）

　亀山天皇の時の年号（1261-64）。文応2年2月20日辛酉革命による改元。出典は『貞観政要』の「闕治定之規、以弘長世之業者、万古不易、百慮同帰」による。4年2月28日文永と改元。

　1年11月北条重時没。2年11月親鸞没。3年11月北条時頼没。

文　永（ぶんえい）

　亀山天皇・後宇多天皇の時の年号（1264-75）。弘長4年2月28日甲子革令による改元。菅原在章（式部権大輔）の勘申。出典未詳。『後漢書』荀悦伝に「漢四百有六載、撥乱反正、統武興文、永惟祖宗之洪業…」とあるによるか。12年4月25日建治と改元。

　6年4月仙覺の『万葉集注釈』成る。11年10月蒙古襲来（文永の役）。

建　治（けんじ）

　後宇多天皇の時の年号（1275-78）。文永12年4月25日

代始改元。菅原在匡(ありまさ)(文章博士)の勘申。同勘文に「周礼、以治建国為政」とある。4年2月29日弘安(こうあん)と改元。

1年12月幕府が異国討伐を企て西国の楫取・水手を召集。2年3月幕府が鎮西武士に石塁の築造を命じた。

弘　安(こうあん)

後宇多天皇・伏見天皇の時の年号(1278-88)。建治(けんじ)4年2月29日疾疫流行により改元。藤原茂範(しげのり)(従三位)の勘申。同勘文に「太宗実録曰、弘安民之道」とある。11年4月28日正応(しょうおう)と改元。

4年閏7月元軍博多湾で壊滅(弘安の役)。8年11月安達泰盛(あだちやすもり)一族滅亡(霜月騒動(しもつきそうどう))。

正　応(しょうおう)

伏見(ふしみ)天皇の時の年号(1288-93)。弘安(こうあん)11年4月28日代始改元。菅原在嗣(ありつぐ)(文章博士)の勘申。同勘文に「詩、注曰、徳正応利」とある。6年8月5日永仁(えいにん)と改元。

2年8月一遍没。3年8月叡尊没。4年10月南禅寺創建。6年4月関東大地震により死者2万余人、建長寺炎上。

永　仁(えいにん)

伏見天皇・後伏見天皇の時の年号(1293-99)。正応(しょうおう)6年8月5日天変・地震による改元。菅原在嗣(ありつぐ)(大蔵卿)の勘申。同勘文によると出典は『晋書』の「永載仁風、長撫無外」にある。7年4月25日正安(しょうあん)と改元。

5年3月幕府徳政令を公布(永仁の徳政令)。

正　安(しょうあん)

後伏見(ごふしみ)天皇・後二条(ごにじょう)天皇の時の年号(1299-1302)。永仁(えいにん)7年4月25日代始改元。菅原在嗣(ありつぐ)(前参議)の勘申。同勘文によると出典は『孔子家語』の「此五行者足以正身安国矣」であろう。4年11月21日乾元(けんげん)と改元。

1年8月円伊の『一遍上人絵伝』成る。

乾　元（けんげん）
　後二条天皇の時の年号（1302-03）。正安4年11月21日代始改元。出典は『周易』の「大哉乾元、万物資始、乃統天」にある。2年8月5日嘉元と改元。

嘉　元（かげん）
　後二条天皇の時の年号（1303-06）。乾元2年8月5日彗星出現と炎旱による改元。菅原在嗣（前参議）の勘申。同勘文によると『芸文類聚』の「賀老人星表曰、嘉占元吉、弘無量之祐、降克昌之祚、普天同慶、率土合歓」とある。4年12月14日徳治と改元。

徳　治（とくじ）
　後二条天皇・花園天皇の時の年号（1306-08）。嘉元4年12月14日天変による改元。菅原在嗣（正二位）の勘文に「尚書大禹謨曰、俊徳治能之士並在官、左伝曰、能敬必有徳、以治民」とあり、藤原淳範（文章博士）の勘文に「後魏書曰、明王以徳治天下」と見える。3年10月9日延慶と改元。

　2年雪村友梅が入宋。

延　慶（えんきょう）
　花園天皇の時の年号（1308-11）。「えんけい」とも読む。徳治3年10月9日代始改元。藤原俊光（前権中納言）の勘申。同勘文によると出典は『後漢書』の「以功名延慶于後」にある。4年4月28日応長と改元。

応　長（おうちょう）
　花園天皇の時の年号（1311-12）。延慶4年4月28日疾病流行による改元。菅原在兼（勘解由長官）の勘申。出典は『旧唐書』の「応長暦之規、象中月之度、広綜陰陽之数、傍通寒暑之和」にあるという。2年3月20日正和と改元。

　春から夏にかけて疾病（三日病、流行性感冒か）大

流行。

正　和（しょうわ）
　花園天皇の時の年号（1312－17）。応長2年3月20日天変地震による改元。勘申者・出典など未詳。6年2月3日文保と改元。

　　1年・2年春日神木入京強訴。1年10月『沙石集』の著者無住没。4年11月悪党ら兵庫関で守護使を襲う。

文　保（ぶんぽう）
　花園天皇・後醍醐天皇の時の年号（1317－19）。正和6年2月3日地震により改元。出典は明らかでないが『梁書』の「姫周基文、久保七百」かという。3年4月28日元応と改元。

　　1年4月幕府が、両統迭立を朝廷に提案（文保の和談）。同10月一山一寧没。幕府、12月悪党鎮圧の使節を山陽・南海12か国に遣わす。

元　応（げんおう）
　後醍醐天皇の時の年号（1319－21）。文保3年4月28日代始改元。菅原在輔（式部大輔）の勘申。同勘文に「唐書曰、陛下富教安人、務農敦本、光複社稷、康済黎元之応也」とある。3年2月23日元亨と改元。

　　1年12月『荏柄天神縁起絵』成る。

元　亨（げんこう）
　後醍醐天皇の時の年号（1321－24）。元応3年2月23日辛酉革命による改元。藤原資朝（文章博士）の勘申。同勘文は「周易曰、其徳剛健而文明、応乎天而時行、是以元亨」とある。4年12月9日正中と改元。

　　2年6月虎関師錬『元亨釈書』(30巻) を撰進。4年9月天皇の討幕計画発覚（正中の変）。

正　中（しょうちゅう）
　後醍醐天皇の時の年号（1324－26）。元亨4年12月9日

甲子革令による改元。藤原有正(ありまさ)（文章博士）の勘申。同勘文に「易曰、見竜在田、利見大人、何謂也、子曰、竜徳而正中者也、又曰需有孚元亨、貞吉、位乎天位以正中也」とある。3年4月26日嘉暦(かりゃく)と改元。

2年6月京都大洪水死傷者多数。7月幕府建長寺(けんちょうじ)造営料船を元に派遣。

嘉　暦(かりゃく)

後醍醐天皇の時の年号（1326－29）。正中(しょうちゅう)3年4月26日疾疫流行・地震により改元。藤原藤範(ふじのり)（式部大輔）の勘申。出典は『旧唐書(くとうじょ)』の「四序嘉辰、歴代増置、宋韻曰、暦数也」とある。4年8月29日元徳(げんとく)と改元。

この頃幕府兵庫島・黒田荘などの悪党に手こずる。

元　徳(げんとく)

後醍醐天皇の時の年号（1329－31）。嘉暦(かりゃく)4年8月29日疾疫により改元。藤原行氏(ゆきうじ)（文章博士）の勘申。同勘文に「周易曰、乾元亨利貞、正義曰、元者善之長、謂天之元徳、始生万物」とある。3年8月9日元弘と改元。なお、持明院統の光厳(こうごん)天皇は4年4月28日に正慶(しょうきょう)と改元するまで元徳を用いた。

元　弘(げんこう) (南朝)

後醍醐天皇の時の年号（1331－34）。元徳(げんとく)3年8月9日改元。北朝の光厳天皇は2年4月28日に正慶(しょうきょう)と改元したが、後醍醐天皇は元弘を使い続け、4年1月29日建武(けんむ)と改元した。正慶は元弘3年5月17日に廃された。

1年8月の後醍醐天皇の奈良逃亡に始まり隠岐配流、諸国での反北条軍の挙兵、3年5月の鎌倉陥落へと動乱の時代に入っていく。

正　慶(しょうきょう) (北朝)

光厳(こうごん)天皇の時の年号（1332－33）。元弘(げんこう)2年4月28日代始改元。菅原長員(ながかず)（式部大輔）の勘申。同勘文に「易

注日、以中正有慶之德、有攸往也、何適而不利哉」とある。2年5月17日（一説に25日）天皇退位により廃止。

建　武（けんむ）

後醍醐天皇の時の年号（1334-36）。元弘4年1月29日改元。藤原藤範（前式部大輔）らの勘申。3年2月29日延元と改元。北朝では5年8月28日に暦応と改元。

　前年に始まる新政府の政治はたちまち破綻し戦争状態に入った。

延　元（えんげん）(南朝)

後醍醐天皇の時の年号（1336-40）。建武3年2月29日改元。5年4月28日興国と改元。

　1年5月湊川の戦いで楠木正成自刃。11月足利尊氏「建武式目」制定。3年5月北畠顕家討死。閏7月新田義貞討死。

暦　応（りゃくおう）(北朝)

光明天皇の時の年号（1338-42）。建武5年8月28日代始改元。菅原公時の勘申。同勘文に「帝王（世）代記云、堯時有草、夾階而生、王者以是占暦、応和而生」と見える。5年4月27日康永と改元。

興　国（こうこく）(南朝)

後村上天皇の時の年号（1340-46）。延元5年4月28日代始改元。『文選』の「興国救顚、朝違悔過」によるか。7年12月8日正平と改元。

康　永（こうえい）(北朝)

光明天皇の時の年号（1342-45）。暦応5年4月27日改元。紀行親（文章博士）の勘申。同勘文に「漢書日、海内康平、永保国家」とある。4年10月21日貞和と改元。

貞　和（じょうわ）(北朝)

光明天皇・崇光天皇の時の年号（1345-50）。康永4

年10月21日風水・疾疫による改元。菅原在成（勘解由長官）の勘申。同勘文に「芸文類聚日、体乾霊之休徳、稟貞和之純精」と見える。6年2月27日観応と改元。

正 平（しょうへい）(南朝)

後村上天皇・長慶天皇の時の年号（1346－70）。興国7年12月8日改元。出典未詳。25年2月5日以前に建徳と改元。

5年4月吉田兼好没。6年10月『慕帰絵詞』成る。7年7月幕府半済制施行。13年10月新田義興、武蔵矢口渡で謀殺される。22年12月足利義詮没。

観 応（かんのう）(北朝)

崇光天皇の時の年号（1350－52）。「かんおう」とも読む。貞和6年2月27日即位改元。藤原行光（文章博士）の勘申。同勘文に「荘子曰、玄古之君、天下無為也、疏日、以虚通之理、観応物之数、而無為」と見える。3年9月27日文和と改元。

2年11月南北両朝の和議成る。

文 和（ぶんわ）(北朝)

後光厳天皇の時の年号（1352－56）。観応3年9月27日代始改元。菅原在淳（式部大輔）の勘文に「唐紀曰、睿哲温文、寛和仁恵」とあり、菅原在成（従三位）の勘文に「呉志曰、文和於内、武信于外」と見える。5年3月28日延文と改元。

延 文（えんぶん）(北朝)

後光厳天皇の時の年号（1356－61）。文和5年3月28日兵革（観応の擾乱）による改元。藤原忠光（文章博士）の勘申。出典は『漢書』の「延文学儒者数百人」にある。6年3月29日康安と改元。

康 安（こうあん）(北朝)

後光厳天皇の時の年号（1361－62）。延文6年3月29日

疾疫による改元。菅原長綱（刑部卿）・同高嗣（勘解由長官）の勘申。長綱勘文に「史記正義曰、天下衆事咸得康安、以致天下太平」とあり、高嗣勘文に「唐紀曰、作治康凱安之舞」とある。2年9月23日貞治と改元。

貞　治（じょうじ）(北朝)
　後光厳天皇の時の年号（1362-68）。康安2年9月23日天変・地妖・兵革により改元。藤原忠光（参議）の勘申。同勘文に「周易曰、利武人之貞、志治也」とある。7年2月18日応安と改元。

応　安（おうあん）(北朝)
　後光厳天皇・後円融天皇の時の年号（1368-75）。貞治7年2月18日病患・天変・地妖による改元。菅原時親（治部卿）の勘申。同勘文によると出典は『毛詩正義』の「今四方既平、服王国之内、幸応安定」とある。8年2月27日永和と改元。

建　徳（けんとく）(南朝)
　長慶天皇の時の年号（1370-72）。正平25年を改元したもの。ただし史料を欠き月日は詳らかでない。代始による。『文選』の「建至徳以創洪業」が出典か。3年3月文中と改元。
　2年頃『太平記』成る。

文　中（ぶんちゅう）(南朝)
　長慶天皇の時の年号（1372-75）。建徳3年3月改元。4年5月天授と改元。
　2年8月佐々木導誉没。

天　授（てんじゅ）(南朝)
　長慶天皇の時の年号（1375-81）。文中4年5月山崩れの地変による改元。藤原長親（権大納言右近衛大将）の勘申によるが委細未詳。7年7月弘和と改元。

弘　和（こうわ）(南朝)

長慶天皇・後亀山天皇の時の年号（1381-84）。天授7年（1381）7月改元。4年4月元中と改元。

1年12月『新葉和歌集』成る。

永　和（えいわ）(北朝)

後円融天皇の時の年号（1375-79）。応安8年2月27日即位改元。藤原忠光（権中納言）の勘申。出典は『尚書』の「詩言志、歌永言、声依永、律和歌、八音諧、無相奪倫、神人以和」および『芸文類聚』の「九功六義之興、依永和声之製、志由興作、情以詞宣」とある。5年3月22日康暦と改元。

4年3月足利義満花御所を造営。

康　暦（こうりゃく）(北朝)

後円融天皇の時の年号（1379-81）。永和5年3月22日疾疫・兵革による改元。菅原長嗣（式部大輔）の勘申。同勘文に「唐書曰、承成康之暦業」と見える。3年2月24日永徳と改元。

永　徳（えいとく）(北朝)

後円融天皇・後小松天皇の時の年号（1381-84）。康暦3年2月24日辛酉革命による改元。藤原仲光（権中納言）の勘申。出典未詳。4年2月27日至徳と改元。

元　中（げんちゅう）(南朝)

後亀山天皇の時の年号（1384-92）。弘和4年4月に改元。甲子革令による。9年閏10月南北両朝合一により北朝年号明徳に統一された。

5年4月義堂周信没。6月二条良基没。7年閏3月土岐氏の乱。8年飢饉・疫病流行。9年3月細川頼之没。

至　徳（しとく）(北朝)

後小松天皇の時の年号（1384-87）。永徳4年2月27日甲子革令による改元。藤原資康（権中納言）の勘申。同勘文は「孝経曰、先王有至徳要道、以順天下、民用

和睦、上下無怨」とある。4年8月23日嘉慶と改元。

嘉　慶（かきょう）(北朝)
　後小松天皇の時の年号（1387－89）。「かけい」とも読む。至徳4年8月23日改元。疫病流行によるという。菅原秀長（前右大弁）の勘申。『毛詩正義』の「将有嘉慶、禎祥先来見也」が出典。3年2月9日康応と改元。

康　応（こうおう）(北朝)
　後小松天皇の時の年号（1389－90）。嘉慶3年2月9日改元。菅原秀長の勘申。同勘文に「文選曹植七啓曰、国静（富）民康、神応休臻、屢獲嘉祥」とある。2年3月26日明徳と改元。

明　徳（めいとく）(北朝)
　後小松天皇の時の年号（1390－94）。康応2年3月26日の天変・兵革により改元。藤原資康（前権大納言）勘文に「礼記曰、在明明徳、在親民」とある。5年7月5日応永と改元。

　3年閏10月5日南北両朝合一。

応　永（おうえい）
　後小松天皇・称光天皇の時の年号（1394－1428）。明徳5年7月5日に旱害と疱瘡の流行により改元。藤原重光（参議）の勘申。同勘文によると出典は『会要』の「久応称之、永有天下」にある。35年4月27日正長と改元。応永年間は長く35年に及んだ。

　1年12月足利義満は太政大臣となり、4年4月金閣を造営。6年10月に応永の乱、23年10月上杉禅秀の乱が起きた。

正　長（しょうちょう）
　称光天皇・後花園天皇の時の年号（1428－29）。応永35年4月27日代始改元。菅原在直（式部大輔）の勘申。同勘文に「礼記正義曰、在位之君子、威儀不差式、可以

正長、是四方之国」とある。2年9月5日永享と改元。
　1年9月京畿に徳政一揆起こる。

永　享（えいきょう）
　後花園天皇の時の年号（1429－41）。正長2年9月5日代始改元。菅原在豊（文章博士）の勘申。同勘文によると出典は『後漢書』。「能立魏々之功、伝于子孫、永享無窮之祚」にある。13年2月17日嘉吉と改元。
　11年2月永享の乱。2年11月世阿弥の『申楽談義』成る。

嘉　吉（かきつ）
　後花園天皇の時の年号（1441－44）。永享13年2月17日辛酉革命による改元。菅原益長（文章博士）の勘申。出典は『周易』の「孚于嘉吉、位正中也」にある。4年2月5日に文安と改元。
　1年閏6月嘉吉の乱。3年8月世阿弥元清没。

文　安（ぶんあん）
　後花園天皇の時の年号（1444－49）。嘉吉4年2月5日甲子革令による改元。藤原兼郷（権中納言）の勘申。同勘文に「晋書曰、尊文安漢社稷、尚書曰、欽明文思安安」とある。6年7月28日宝徳と改元。
　6年1月足利成氏が鎌倉公方となる。

宝　徳（ほうとく）
　後花園天皇の時の年号（1449－52）。文安6年7月28日天災・疾疫による改元。菅原為賢の勘申。同勘文に「唐書曰、朕（惟）宝（行）三徳、曰慈倹謙」とある。4年7月25日享徳と改元。

享　徳（きょうとく）
　後花園天皇の時の年号（1452－55）。宝徳4年7月25日三合の厄年に当たり、疫病流行による改元。菅原為賢（文章博士）の勘申。同勘文に「尚書曰、世々享徳、万邦作式」とある。4年7月25日康正と改元。

3年10月分一徳政令公布。同12月享徳の乱起こる。

康　正（こうしょう）

後花園天皇の時の年号（1455-57）。享徳4年7月25日兵革による改元。菅原在治（文章博士）の勘申。同勘文に「史記曰、平康正直」「尚書曰、平康正直、注曰、世平安、用正直治之」とある。3年9月28日長禄と改元。

1年建仁寺船を派遣。3年4月太田道灌が江戸城を築く。

長　禄（ちょうろく）

後花園天皇の時の年号（1457-60）。康正3年9月28日病患、旱損による改元。菅原継長（参議文章博士）の勘申。出典は『韓非子』の「其建生也長、持禄也久」にある。4年12月21日寛正と改元。

3年8月京都七口の関設置。

寛　正（かんしょう）

後花園天皇・後土御門天皇の時の年号（1460-66）。長禄4年12月21日飢饉による改元。日野勝光（権大納言）の勘申。出典は『孔子家語』の「外寛而内正」にある。7年2月28日に文正と改元。

2年夏疫病と飢饉で死者多数。京中の死者8万余という。この頃京畿に土一揆頻発。

文　正（ぶんしょう）

後土御門天皇の時の年号（1466-67）。寛正7年2月28日代始改元。藤原綱光（権中納言）の勘文に「荀子曰、積文学、正身行」とある。2年3月5日応仁と改元。

1年閏2月上杉憲実没。

応　仁（おうにん）

後土御門天皇の時の年号（1467-69）。文正2年3月5日兵革による改元。菅原継長（権中納言）の勘申。出典は『維城典訓』の「仁之感物、物之応仁、若影随

形、猶声致響」にある。3年4月28日文明と改元。

　1年5月応仁の乱始まる。

文　明（ぶんめい）

　後土御門天皇の時の年号（1469－87）。応仁3年4月28日兵革・星変による改元。菅原長清（参議大蔵卿）の勘申。同勘文に「周易曰、文明以健、中正而応、君子正也」とある。19年7月20日長享と改元。

　15年6月銀閣成る。

長　享（ちょうきょう）

　後土御門天皇の時の年号（1487－89）。文明19年7月20日疾疫・兵革・火災による改元。菅原在数（少納言兼侍従大内記式部少輔文章博士）の勘申。『文選』の「喜得全功、長享其福」や『春秋左氏伝』の「元体之長也、享嘉之会也、利義之和也、貞事之幹也」および『後漢書』の「長享福祚、垂之後嗣、此万全之策也」による。3年8月21日延徳と改元。

　2年6月加賀一向一揆が守護富樫氏を自殺させる。

延　徳（えんとく）

　後土御門天皇の時の年号（1489－92）。長享3年8月21日天変・疫病による改元。菅原長直（式部大輔）の勘申。出典は『孟子』の「開延道徳」にある。4年7月19日明応と改元。

　2年3月土一揆北野社にたてこもる。3年北条早雲伊豆を支配す。

明　応（めいおう）

　後土御門天皇・後柏原天皇の時の年号（1492－1501）。延徳4年7月19日疾疫・天変による改元。菅原在数（文章博士）の勘申。同勘文に「文選曰、徳行修明、皆応受多福、保父子孫」とある。改元に際しては幕府の干渉のあったことが知られている。10年2月29日文亀

と改元。

2年北条早雲が伊豆堀越に足利茶々丸を攻め殺し本拠を北条に移した。3年4月東常縁(とうのつねより)没す。6年9月足利成氏没。

文　亀（ぶんき）

後柏原(ごかしわばら)天皇の時の年号（1501－04）。明応10年2月29日代始および辛酉革命による改元。菅原和長（文章博士）の勘申。同勘文に「爾雅曰、十朋之亀者、一曰神亀、（中略）五曰文亀」とある。4年2月30日永正(えいしょう)と改元。

3年土佐光信『北野天神縁起絵巻』を描く。

永　正（えいしょう）

後柏原(ごかしわばら)天皇の時の年号（1504－21）。文亀4年2月30日甲子革令による改元。菅原長直(ながなお)（式部大輔）の勘申。出典は『周易諱』の「永正其道、咸受吉化」にある。18年8月23日大永(だいえい)と改元。

1年東国飢饉死者多数。8年2月吉田兼倶没。10年明の陶工祥瑞来日。16年8月北条早雲『早雲寺殿廿一箇条』を作る。

大　永（だいえい）

後柏原(ごかしわばら)天皇・後奈良(ごなら)天皇の時の年号（1521－28）。「たいえい」とも読む。永正18年8月23日兵革・天変による改元。菅原為学（参議）の勘文に「杜氏通典曰、庶務至微至密、其大則以永業」とある。8年8月20日享禄(きょうろく)と改元。

4年8月豊原統秋没。5年3月石見大森銀山の採掘始まる。6年12月幕府徳政令公布。

享　禄（きょうろく）

後奈良(ごなら)天皇の時の年号（1528－32）。大永(だいえい)8年8月20日代始改元。菅原長淳(ながあつ)（文章博士）の勘文に「周易大畜

卦象程氏伝注曰、居天位享天禄」とある。5年7月29日天文と改元。

天　文（てんぶん）
　後奈良天皇の時の年号（1532-55）。享禄5年7月29日兵革による改元。源親重（権中納言）・菅原長雅（文章博士）の勘申。出典は『易』の「仰以観於天文、俯以察於地理」および『孔安国尚書注』に「舜察天文斉七政」と見える。24年10月23日弘治と改元。

　12年頃種子島に鉄砲伝来。18年7月フランシスコ・ザビエル鹿児島に入る。

弘　治（こうじ）
　後奈良天皇・正親町天皇の時の年号（1555-58）。天文24年10月23日兵革による改元。菅原長雅（権中納言）の勘文に「北斉書曰、祇承宝命、志弘治体」とある。4年2月28日永禄と改元。

　3年近畿大飢饉。

永　禄（えいろく）
　正親町天皇の時の年号（1558-70）。弘治4年2月28日代始改元。菅原長雅（権中納言）の勘申。出典は『群書治要』の「保世持家、永全福禄者也」にある。13年4月23日元亀と改元。

　3年5月桶狭間合戦。7年1月下総国府台の戦い。

元　亀（げんき）
　正親町天皇の時の年号（1570-73）。永禄13年4月23日改元。菅原長雅（式部大輔）の勘文に「毛詩曰、憬波淮夷、来献其琛、元亀象歯大略南金、文選曰、元亀水処、潜龍蟠於沮沢、応鳴鼓而興雨」と見える。4年7月28日天正と改元。

　2年9月信長叡山焼打ち。3年10月三方原の戦い。

天　正（てんしょう）

正親町天皇・後陽成天皇の時の年号（1573-92）。元亀4年7月28日改元。菅原雅長（式部大輔）の勘文に「文選曰、君以下為基、民以食為天、正其末者端其本、善其後者慎其先、老子経曰、清静者為天下正」とある。20年12月8日文禄と改元。

3年5月長篠合戦。7年5月安土宗論。10年6月本能寺の変。20年3月秀吉朝鮮出兵のため名護屋に赴く。

文　禄（ぶんろく）

後陽成天皇の時の年号（1592-96）。天正20年12月8日代始改元。菅原盛長（権中納言）の勘申。同勘文に「杜氏通典禄秩巻、貞観二年制注曰、凡京文武官、毎歳給禄」とある。5年10月27日慶長と改元。

慶　長（けいちょう）

後陽成天皇・後水尾天皇の時の年号（1596-1615）。文禄5年10月27日天変・地妖による改元。「きょうちょう」とも読む。菅原為経（文章博士）の勘文に「毛詩注疏曰、文王功徳深厚、故福慶延長也」とある。20年7月13日元和と改元。

2年1月秀吉軍朝鮮に上陸。3年8月秀吉没。5年9月関が原の役。8年2月家康征夷大将軍となる。19年大坂冬の陣、20年同夏の陣。

元　和（げんな）

後水尾天皇の時の年号（1615-24）。慶長20年7月13日代始改元。菅原為経（権中納言）の勘申。徳川家康の命により唐の憲宗の時の年号を用いたという。10年2月30日寛永と改元。

1年5月大坂落城し豊臣秀頼ら自殺。2年4月徳川家康没。

寛　永（かんえい）

後水尾天皇・明正天皇・後光明天皇の時の年号

(1624-44)。元和10年2月30日甲子革令による改元。
菅原長維(文章博士)の勘申。出典は『毛詩朱氏注』
の「寬弘、永長」にある。21年12月16日正保と改元。

14年11月島原の乱起こる。16年7月鎖国令。

正 保(しょうほう)
　後光明天皇の時の年号(1644-48)。寬永21年12月16
日改元。菅原知長(文章博士)の勘文に「尚書正義曰、
先正保衡、佐我烈祖、格于皇天」と見える。「しょうほ
う」は「焼亡」に通ずとの非難もあり、5年2月15日
慶安と改元。

　2年5月宮本武蔵没。4年2月小堀遠州没。

慶 安(けいあん)
　後光明天皇の時の年号(1648-52)。正保5年2月15
日改元。菅原為適(従二位)の勘文に「周易曰、乃終
有慶、安貞之吉、応地無疆」とある。5年9月18日承
応と改元。

　1年8月中江藤樹没。4年7月由井正雪の乱。

承 応(じょうおう)
　後光明天皇・後西天皇の時の年号(1652-55)。慶安
5年9月18日将軍代替りによる改元。菅原知長(文章
博士)の勘文に「晋書律暦志曰、夏商承運、周氏応期」
とある。4年4月13日明暦と改元。

　3年6月玉川上水成る。

明 暦(めいれき)
　後西天皇の時の年号(1655-58)。「めいりゃく」とも
読む。承応4年13日の代始改元。菅原為庸(大学頭)
の勘文に「漢書律暦志曰、大法九章、而五紀明暦法、
後漢書曰、黄帝造暦、暦与暦同作」とある。4年7月
23日万治と改元。

　3年1月江戸大火で江戸城本丸焼失(明暦の大火)。

万　治（まんじ）

後西天皇の時の年号（1658-61）。明暦4年7月23日前年の江戸大火により改元。菅原豊長（文章博士）の勘文に「史記曰、衆民乃定、万国為治」とある。しかし実際には林春斎が『貞観政要』の「本固万事治」を挙げて、幕府側で決定したものという。4年4月25日寛文と改元。

2年12月江戸両国橋架橋。

寛　文（かんぶん）

後西天皇・霊元天皇の時の年号（1661-73）。万治4年4月25日内裏炎上による改元。菅原為庸（式部権大輔）の勘文。出典は『荀子』の「節奏陵而文、生民寛而安、上文下安、功名之極也」にある。13年9月21日延宝と改元。

8年4月足利学校再興。9年西日本大飢饉。10年箱根用水完成。

延　宝（えんぽう）

霊元天皇の時の年号（1673-81）。寛文13年9月21日即位改元。菅原為庸（権中納言）の勘申。『隋書』に「分四序、綴三光、延宝祚、渺無疆」とあるによる。9年9月29日天和と改元。

2年10月狩野探幽没。

天　和（てんな）

霊元天皇の時の年号（1681-84）。延宝9年9月29日辛酉革命による改元。菅原在庸（式部少輔兼侍従文章博士）の勘文に「尚書曰、奉答天命、和恒四方民居師、前漢書曰、嘉承天和、伊楽厥福、後漢書曰、天人協和、万国咸寧、後漢書曰、天和祚上、地洽於下、荘子曰、与人和者、謂之人楽、支天和者、謂之天楽」とある。4年2月21日貞享と改元。

2年12月江戸大火。八百屋お七の火事。

貞　享（じょうきょう）
　霊元天皇・東山天皇の時の年号（1684－88）。天和4年2月21日甲子革令による改元。菅原恒長（前権大納言）の勘文に「周易曰、永貞吉、王用享于帝吉」とある。5年9月30日元禄と改元。
　1年8月大老堀田正俊が若年寄稲葉正休に江戸城中で刺殺される。4年1月生類憐みの令（第1回）。

元　禄（げんろく）
　東山天皇の時の年号（1688－1704）。貞享5年9月30日代始改元。菅原長景（文章博士）の勘文に「宋史志曰、以仁守位、以孝奉先、祈福逮下、侑神昭徳、恵綏黎元、懋建皇極、天禄無疆、霊休允迪、万葉其昌、文選曰、建立元勲、以応顕禄、福之上也」とある。17年3月13日宝永と改元。
　6年8月井原西鶴没す。7年10月松尾芭蕉没す。15年12月赤穂浪士が主君の仇を討つ。

宝　永（ほうえい）
　東山天皇・中御門天皇の時の年号（1704－11）。元禄17年3月13日地震による改元。菅原為範（侍従）の勘文に「唐書志云、宝祚惟永、暉光日新」とある。8年4月25日正徳と改元。
　2年3月伊藤仁斎没す。4年11月富士山噴火により宝永山出現。6年1月新井白石登用されいわゆる正徳の治始まる。

正　徳（しょうとく）
　中御門天皇の時の年号（1711－16）。宝永8年4月25日代始改元。菅原総長（文章博士）の勘文に「尚書正義曰、正徳者自正其徳」とある。6年6月22日享保と改元。
　5年1月長崎貿易新令を出す。

享　保（きょうほう）
　　中御門天皇・桜町天皇の時の年号（1716－36）。正徳6年6月22日変異による改元。菅原長義（式部権大輔）の勘文に「後漢書曰、享茲大命、保有万国」とある。21年4月28日元文と改元。
　　8代将軍吉宗の治世で米価の安定につとめ米将軍と呼ばれた。その政治改革は享保の治と呼ばれる。7年12月小石川養生所を設置。

元　文（げんぶん）
　　桜町天皇の時の年号（1736－41）。享保21年4月28日代始改元。菅原在秀（文章博士）の勘文に「文選曰、武創元基、文集大命、皆体天作制、順時立政、至于帝皇、遂重熙而累盛」とある。6年2月27日寛保と改元。
　　1年5月正徳金銀を改鋳。

寛　保（かんぽう）
　　桜町天皇の時の年号（1741－44）。元文6年2月27日辛酉革命による改元。菅原長香の勘申。出典は『国語』の「寛所以保本也、注曰、本位也、寛則得衆」にある。4年2月21日延享と改元。
　　2年4月「公事方御定書百箇条」を制定。

延　享（えんきょう）
　　桜町天皇・桃園天皇の時の年号（1744－48）。寛保4年2月21日甲子革令による改元。菅原長香（文章博士）の勘申。出典は『芸文類聚』の「聖主寿延、享祚元吉」にある。5年7月12日寛延と改元。
　　4年5月太宰春台没す。

寛　延（かんえん）
　　桃園天皇の時の年号（1748－51）。延享5年7月12日即位改元。菅原為範（式部大輔）の勘申。出典は『文選』の「開寛裕之路、以延天下英俊也」にある。4年

10月27日宝暦（ほうりゃく）と改元。

　この頃百姓一揆しきりに起きる。

宝　暦（ほうりゃく）

　桃園天皇・後桜町天皇の時の年号（1751－64）。寛延4年10月27日変異による改元。菅原為範（式部大輔）の勘文に「貞観政要云、及恭承宝暦、寅奉帝図、垂拱無為、氛埃靖息」とある。14年6月2日明和と改元。

　4年閏2月山脇東洋らが京都で屍体の解剖を行った。8年7月宝暦事件。

明　和（めいわ）

　後桜町天皇・後桃園天皇の時の年号（1764－72）。宝暦14年6月2日代始改元。菅原在家の勘文に「尚書曰、九族既睦、平章百姓、百姓昭明、協和万邦」とある。9年11月16日安永と改元。

　9年1月田沼意次が老中となる。

安　永（あんえい）

　後桃園天皇・光格天皇の時の年号（1772－81）。明和9年11月16日大火・大風による改元。菅原在煕（侍従）の勘申。出典は『文選』の「寿安永寧」にある。10年4月2日天明と改元。

　明和9年、安永2・3年と奥羽から近畿にかけて大風水害に襲われた。5年11月平賀源内がエレキテルを完成。8年12月平賀源内没す。

天　明（てんめい）

　光格天皇の時の年号（1781－89）。安永10年4月2日改元。菅原為俊（式部大輔）の勘文に「尚書曰、顧諟天之明命」とある。9年1月25日寛政と改元。

　3年大飢饉。7年7月松平定信の政革始まる。

寛　政（かんせい）

　光格天皇の時の年号（1789－1801）。天明9年1月25日

大火による改元。菅原胤長の勘申。出典は『左伝』の「施之以寛、寛以済猛、猛以済寛、政是以和」にある。13年2月5日享和と改元。

2年5月朱子学以外の異学の講究を禁止(異学の禁)。

享　和（きょうわ）
光格天皇の時の年号（1801－04）。寛政13年2月5日辛酉革命による改元。菅原在熙（前参議）の勘文に「文選曰、順乎天而享其運、応乎人而和其義」とある。4月2月11日文化と改元。

1年9月本居宣長没。2年1月木村蒹葭堂没。

文　化（ぶんか）
光格天皇・仁孝天皇の時の年号（1804－18）。享和4年2月11日甲子革令による改元。菅原為徳（式部大輔）の勘文に「周易曰、観乎天文、以察時変、観察乎人文、以化成天下」、「後漢書曰、宣文教以章其化、立武備以秉其威」とある。15年4月22日文政と改元。

文化年間外国船の来航しきり。12年4月杉田玄白『蘭学事始』成る。

文　政（ぶんせい）
仁孝天皇の時の年号（1818－30）。文化15年4月22日代始改元。菅原長親（式部大輔）の勘文に「尚書孔安国云、舜察天文、斉七政」と見える。13年12月10日天保と改元。

2年塙保己一「群書類従」完成。8年2月異国船打払令。

天　保（てんぽう）
仁孝天皇の時の年号（1830－44）。文政13年12月10日地震による改元。菅原為顕（式部大輔）の勘文に「尚書曰、欽崇天道、永保天命」とある。15年12月2日弘化と改元。

8年2月大塩平八郎の乱、10年5月蛮社の獄。

弘　化（こうか）

仁孝天皇・孝明天皇の時の年号（1844-48）。天保15年12月2日江戸城火災による改元。菅原為定の勘文に「書曰、武公弘化、寅亮天地、晋書曰、昌聖徳格于皇天、威霊被于八表、弘化已熙、六合清泰」とある。5年2月28日嘉永と改元。

嘉　永（かえい）

孝明天皇の時の年号（1848-54）。弘化5年2月28日即位による改元。菅原以長（式部権大輔兼大学頭）の勘申。出典は『宋書』の「思皇享多祜、嘉楽永無央」にある。7年11月27日安政と改元。

　6年6月ペリーが艦隊をひきいて浦賀入港。7年3月和親条約を締結。

安　政（あんせい）

孝明天皇の時の年号（1854-60）。嘉永7年11月27日内裏炎上・地震・異国船渡来などによる改元。菅原聡長の勘申。出典は『群書治要』の「庶人安政、然後君子安位矣」にある。7年3月18日万延と改元。

　7年3月3日大老井伊直弼が桜田門外で暗殺された。

万　延（まんえん）

孝明天皇の時の年号（1860-61）。安政7年3月18日改元。菅原為定（前権中納言）の勘文に「後漢書馬融伝曰、豊千億之子孫、歴万載而永延」とある。2年2月19日文久と改元。

文　久（ぶんきゅう）

孝明天皇の時の年号（1861-64）。万延2年2月19日辛酉革命による改元。菅原為定（前権中納言）の勘文に「後漢書曰、文武並用、成長久之計」とある。4年2月20日元治と改元。

2年1月坂下門外の変、4月寺田屋騒動、8月生麦事件と騒然たる世の中である。

元　治（げんじ）
　孝明天皇の時の年号（1864-65）。文久4年2月20日甲子革令による改元。菅原為栄（文章博士）の勘文に「周易曰、乾元用九、天下治也、三国志曰、天地以四時成功、元首以輔弼興治」とする。2年4月7日慶応と改元。

　1年8月4国連合艦隊が下関を砲撃。

慶　応（けいおう）
　孝明天皇・明治天皇の時の年号（1865-68）。元治2年4月7日改元。菅原在光（式部大輔）の勘文に「文選、陸士衡、漢高祖功臣頌、慶雲応輝、皇階授木」とある。4年9月8日明治と改元。

　3年10月大政奉還、江戸幕府は崩壊した。

明　治（めいじ）
　明治天皇の時の年号（1868-1912）。慶応4年9月8日の代始改元。出典は『周易』の「聖人南面而聴天下、嚮明而治」また『孔子家語』の「長聡明、治五気、設五量、撫万民、度四方」など。また改元詔には一世一元制の採用を明記した。45年7月30日大正と改元。

　明治維新を成し遂げた日本は、27年の日清戦争、37年の日露戦争と大きな対外戦争を経験した。

大　正（たいしょう）
　大正天皇の時の年号（1912-26）。明治45年7月30日践祚による改元。15年12月25日昭和と改元。

　3年7月第一次世界大戦始まる。12年9月関東大震災。

昭　和（しょうわ）
　昭和天皇の時の年号（1926-89）。大正15年12月25日践

祚による改元。出典は『書経』の「百姓昭明、協和万邦」にある。

　昭和の年号は戦争と結びついている。6年9月満州事変、7年1月上海事変、12年7月日華事変、16年12月太平洋戦争、25年6月朝鮮戦争、40年2月アメリカによる北爆開始でベトナム戦争本格化。

平　成（へいせい）
現在の年号（1989－　）。昭和64年1月7日践祚改元。出典は『史記』五帝本紀の「内平外成」、『書経』大禹謨の「地平天成」とある。

　3年湾岸戦争、ソビエト連邦解体。7年阪神淡路大震災。6年大江健三郎がノーベル文学賞を受賞。13年小泉内閣発足。15年イラク戦争始まる。19年安倍首相辞任。20年福田首相辞任。

日本史年表・年号ハンドブック

■編者略歴■
阿部　猛（あべ　たけし）
1927年　山形県に生まれる。
1951年　東京文理科大学史学科卒業。のち北海道教育大学、東京学芸大学、帝京大学に勤務
現　在　東京学芸大学名誉教授、文学博士
主要著書
『日本荘園成立史の研究』（雄山閣、1960）、『律令国家解体過程の研究』（新生社、1966）、『中世日本荘園史の研究』（新生社、1967）、『尾張国解文の研究』（新生社、1971）、『日本荘園史』（大原新生社、1972）、『中世日本社会史の研究』（大原新生社、1980）、『平安前期政治史の研究　新訂版』（高科書店、1990）、『北山抄注解 巻十吏途指南』（東京堂出版、1996）、『荘園史用語辞典』（東京堂出版、1997）、『太平洋戦争と歴史学』（吉川弘文館、1999）、『古文書・古記録語辞典』（東京堂出版、2005）、『日本荘園史の研究』（同成社、2005）、『近代日本の戦争と詩人』（同成社、2005）、『度量衡の事典』（同成社、2006）、『盗賊の日本史』（同成社、2006）、『数の日本史事典』（同成社、2006）、『起源の日本史・近現代篇』（同成社、2007）、『中世の支配と民衆』（同成社、2007）、『増補改訂　日本古代官職辞典』（同成社、2007）ほか

2008年9月30日初版発行
2016年2月10日第3刷

編　者	阿部　猛
発行者	山脇洋亮
印　刷	（有）章友社
	モリモト印刷（株）

発行所　東京都千代田区飯田橋4-4-8
　　　　（〒102-0072）東京中央ビル　　（株）同成社
　　　　TEL 03-3239-1467　振替 00140-0-20618

© Abe Takeshi 2008. Printed in Japan
ISBN978-4-88621-444-7　C1520